切り花バラ図鑑 1000 上巻

526

The Encyclopaedia of Cut Roses

RED／PINK／BI-Color

First Volume

フローリスト編集部=編　誠文堂新光社

本図鑑のマークや表記について

- **品種名の欧文表記**
  ※作出会社や作出者が決めている表記に準じて記載。
- **品種名**
  ※作出会社や作出者が決めている表記に準じて記載。
- **品種についての説明**
  品種の色や花形などの特徴やエピソードなど。

Akane

【茜】

まるでシャクヤクやボタンのような咲き方は、ダイナミックかつゴージャス。花は大きいが草姿は繊細で、まさに和バラといった佇まい。花色は淡いコーラルピンク。外弁はとても大きい。香りも良い。

花の大きさ	小 ▼ 大
花の香り	弱 ▼ 強
作出国	日本
作出	Rose Farm KEIJI
年	2010

スタンダード　生産者育種　希少

バラのデータについて

🌹 🌱 💎
スタンダード 生産者育種 希 少

花の大きさ 小 ─────▼─ 大
花の香り 弱 ───▼──── 強
作出国 日本
作　出 Rose Farm KEIJI
年 2010

【スタンダードマーク】

スタンダードタイプとは
1本の茎の頂点に、花が1輪咲く形のタイプ。輪バラなどとも呼ばれる。

【スプレーマーク】

スプレータイプとは
1本の茎が頂点に向かって枝分かれし、2輪以上花が咲くタイプ。花の輪数や枝の形は品種や栽培方法などによりさまざま。

スタンダードとスプレータイプの両方が流通するものについては、2つを記載。

【生産者育種マーク】

バラの生産者が自ら作出した品種に記載。

【希少品種マーク】

流通している地域が限定的もしくは生産量が少ない品種に記載。なお、生産量については、2014年現在の情報のため、今後変わる可能性もある。

[花の大きさ] は5段階。
小 ▼▼▼▼▼ 大
　極小輪　小輪　中輪　大輪　巨大輪

[花の香り] は4段階。
弱 ▼▼▼▼ 強
　微香　弱香　中香　強香　　無香の場合は「なし」と表記。

[作出国] はその品種が生まれた国。

[作　出] 作出者や作出会社名　()内表記は、海外での作出品種の場合は、その作出会社の日本国内における問い合わせ先。国内で作出された品種の場合は、その品種についての問い合わせ先。

[　年　] その品種が作出された年もしくは発表や種苗登録の出願された年。海外で作出された品種で［日本］と表記されている場合は、日本での発表年もしくは日本での種苗登録の出願年。

撮影月

その品種を撮影した月。バラは季節により花色や花の大きさの変化があることが多いため記載。

※花色や大きさなどは生産地による差異もある。

3月撮影

バラの咲き方

モダンローズの咲き方、花形にはさまざまなバリエーションがある。ここでは切り花バラの咲き方の表現としてよくある花弁と花の形を掲載した。切り花バラにおける共通の明確な分類基準はないため、本書では多くの品種を、作出者や種苗会社が明言している花形でできるだけ表記している。同じ品種であっても、季節や生産環境、採花する花のステージにより変化があるところも切り花バラならではの魅力である。

花弁の形

剣弁

花が開いてくると、花弁の先端が大きく反り返り、花弁が尖ったフォルムになるもの。尖り方はそれぞれの品種で異なる。
▷写真：ブラック バッカラ（上巻）

半剣弁

剣弁ほど花弁が大きく反り返らず、丸みを帯びた反り返り方になる。開花ステージにより見分けが難しく、見る人により判断が異なり、剣弁と称されるケースも。
▷写真：ビブロス（上巻）

丸弁

花弁が丸いフォルム。時間が経っても反り返らず、そのまま開花する。
▷写真：ヘリオス ロマンティカ（下巻）

波状弁

波打つようなフリルが入る花弁。フリル咲きとも言われる。花弁の先端のみにフリルが入ったり、全体に入るなど多様。
▷写真：マ・シェリ＋（上巻）

花の形

高芯咲き

つぼみから開花していくときに、花の中心部分が高くなる咲き方。剣弁の場合は、高芯咲きとの組み合わせが多い。
▷写真：デューン（下巻）

ポンポン咲き

全開した姿が、半球形から球形のようなフォルムになり、花芯から細い花弁が文字通りポンポンとした動きがあるように見られる咲き方。ガーデンローズに多く見られる。
▷写真：ホワイト メイディランド（下巻）

平咲き

開花しても花弁の中心部分が高くならずに、外側の花弁とフラットに揃う咲き方。一重咲きやスプレータイプに多く見られる。
▷写真：パールドブルム＋（下巻）

ロゼット咲き

ロゼットとは、開いた花の中心に、小さな花弁が放射状に重なり合うもので、その形は様々。中心が4つに分かれたものはクォーターロゼット咲きという。最後にロゼット状になるため、カップ咲きなど他の咲き方と併用して表現されることも多い。
▷写真：パ・ド・ドゥ（下巻）

カップ咲き

花弁が反り返らず、そのままカップ状に丸みを帯びたフォルムの咲き方。開花すると中心の花芯が見える花は、オープンカップ咲きと表現されることもある。カップの深さが浅いものをシャローカップ、深いものをディープカップとさらに分けることも。
▷写真：トワカップ（上巻）

盃状咲き

開花した花弁が反り返らずやや外に広がり、横から見た姿がまるで盃のようなフォルムをしている咲き方。カップ咲きに含まれることもある。
▷写真：リサイタル（上巻）

※その他、シャクヤク咲き、抱え咲きなども花形の分類として使われている。

Amada⁺

【アマダ⁺】

3月撮影

光沢のある濃赤色が美しい半剣弁高芯咲き。開花とともに花弁が少し波打つ。巨大輪の花は、大きく開いても花形が乱れない。日持ちがとても良い。

花の大きさ	小 ＿＿＿＿▼ 大
花の香り	弱 ▼＿＿＿＿ 強
作 出 国	オランダ
作　　出	LEX⁺（國枝バラ園）
年	2004 [日本]

Amalia

【アマリア】

細いフォルムのつぼみから、弁先が一斉に開いていく。中心が明るいピンク、外側へいくほど濃い赤みを帯びた色に。外弁はゆっくりと大きく広がっていく。日持ちは良い。

10月撮影

花の大きさ	小 ＿＿＿▼＿ 大
花の香り	弱 ▼＿＿＿＿ 強
作 出 国	フランス
作　　出	Meilland（京成バラ園芸）
年	2005 [日本]

Alette

【アレット】

つぼみは落ち着いた赤色、開くと赤みのある濃いピンクに。花弁にはフリルが入り、表面には光沢がある。フルーティな香り。小さなトゲが多くある。

4月撮影

花の大きさ	小 ▼ 大
花の香り	弱 ▼ 強
作 出 国	日本
作　　出	興里農場
年	2014

Angelina!

【アンジェリーナ!】

光沢のある剣弁高芯咲きで、花全体のボリューム感がある。黒みが強く花弁に出ることがあり、出方はランダム。開花すると花色はやや明るく変化する。

スタンダード

花の大きさ	小 ▼ 大
花の香り	なし
作 出 国	オランダ
作　　出	Schreurs（メルヘンローズ）
年	

10月撮影

Andalucia

【アンダルシア】

11月撮影

細弁でフリルが強く入る花弁が特徴的なスプレータイプ。その花色と動きから、フラメンコダンサーが情熱的に踊りひるがえるドレスを連想させるため、スペインの地方名がつけられた。個性的な切り花バラのパイオニア品種。

花の大きさ	小 ____▼____ 大
花の香り	弱 ____▼____ 強
作出国	日本
作　出	市川バラ園
年	1993

Vague⁺

【ヴァーグ⁺】

非常に光沢のある花弁のため、見る角度により赤の濃淡が感じられる。開花すると花弁にはフリルが入り、波打ちながら開き、開くたびに変化が楽しめる。トゲがほとんどない。

4月撮影

花の大きさ	小 ____▼____ 大
花の香り	弱 ▼_____ 強
作出国	オランダ
作　出	LEX⁺（國枝バラ園）
年	2011 [日本]

Wanted

【ウォンテッド】

つぼみのときからビロードのような光沢のある濃赤の花色。花弁は大きく、フリルが入る。日持ちがとても良い。濃いグリーンの照り葉を持つ。

 スタンダード
花の大きさ 小 ———▼——— 大
花の香り　なし
作出国　　オランダ
作　　出　JAN SPEK ROZEN
　　　　　（河本バラ園）
年　　　　2005 [日本]

Exciting Meilland

【エキサイティング メイアン】

フリルが重なった花弁の中心から花芯が伸び、小さな花が咲く。貫性花という花の中から花が咲く、個性的な品種。朱赤に近い明るい赤。一般的な花でも貫性という状況は奇形として出現するが、これを品種として発売するケースは当時では珍しく、先見の明に長けたユニークなセレクション。上部の花の状態は、生産地により大きく異なる。

 スタンダード
花の大きさ 小 ———▼——— 大
花の香り　なし
作出国　　フランス
作　　出　Meilland
　　　　　（京成バラ園芸）
年　　　　2011 [日本]

N-Zeppelin
【N-ツェッペリン】

大阪のなにわ花いちばが企画し、流通している N-Rose のひとつ。光沢がある花弁は、ピンクがかった紫赤のカップ咲き。開くと直径 5cm 以上になり存在感がある。強くはないが甘い香りがある。深いグリーンの照り葉。名前は公募されたものから選ばれた。

スプレー　　希 少

花の大きさ　小 ___▼___ 大
花 の 香 り　弱 ▼_____ 強
作 出 国　日本
作　　 出　メルヘンローズ
　　　　　（なにわ花いちば）
　年　　　2012

10月撮影

Emmeretta
【エマレッタ】

丸弁のカップ咲きのスプレータイプ。花色は濃いワインレッドから赤みの強いピンク。花の大きさは中輪のなかでもボリューム感がある。'エミーラ'の枝変わり品種。

スプレー

花の大きさ　小 ___▼___ 大
花 の 香 り　なし
作 出 国　オランダ
作　　 出　De Ruiter
　　　　　（京成バラ園芸）
　年　　　2005 [日本]

2月撮影

M-VintageRed
【M-ヴィンテージレッド】

6月撮影

メルヘンローズ作出のヴィンテージシリーズの品種。濃赤の花色で、ボリューム感のあるカップ咲きのスプレータイプ。つぼみはロウ引きしたようなマットな質感だが、開花すると明るく艶のある花弁が楽しめる。日持ちがとても良い。

スプレー
花の大きさ　小 ____▼____ 大
花 の 香 り　なし
作 出 国　　日本
作　　出　　メルヘンローズ
年　　　　　2005

M-OrientalDress
【M-オリエンタルドレス】

花弁に強いフリルが入った波状弁ロゼット咲きのスプレータイプ。外弁にはグリーンが少し入る。ベースはマットな明るめの赤で、花弁の先が濃赤色で縁取られている。つぼみの段階でボリューム感があり、花弁が堅く、日持ちはとても良い。

5月撮影

スプレー
花の大きさ　小 ____▼____ 大
花 の 香 り　なし
作 出 国　　日本
作　　出　　メルヘンローズ
年　　　　　2007

M-RedMoon

【M-レッドムーン】

つぼみはダークレッド。つぼみからゆるやかに咲く花弁にはビロードのような質感の光沢がある。満開になると平咲きへと変化し、花色は明るくなる。

10月撮影

スプレー

花の大きさ	小 __▼_____ 大
花の香り	弱 ▼_____ 強
作出国	日本
作　出	メルヘンローズ
年	2011

Elnora

【エルノーラ】

小輪の剣弁高芯咲き。花弁には光沢があり、開花していくほど黒みを帯びた赤色になっていく。花は小輪だが、花弁の枚数が多いのでボリューム感がある。

スプレー

花の大きさ	小 __▼_____ 大
花の香り	なし
作出国	オランダ
作　出	Interplant（京成バラ園芸）
年	2010［日本］

7月撮影

Eros!

【エロス!】

ベルベットのような光沢の黒赤品種。外弁がやや黒くなることもある。半剣弁高芯咲きで花弁に厚みがあり、日持ちが良い。トゲがとても少ない。

スタンダード

花の大きさ 小 ___ ___ ___ ▼ ___ 大
花の香り なし
作出国 オランダ
作出 Schreurs(メルヘンローズ)
年 2011[日本]

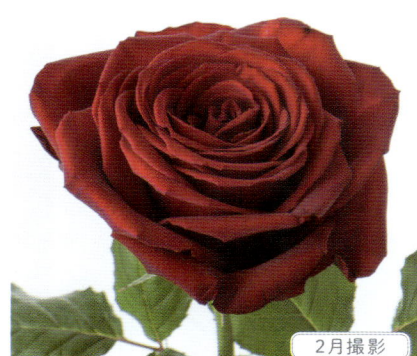

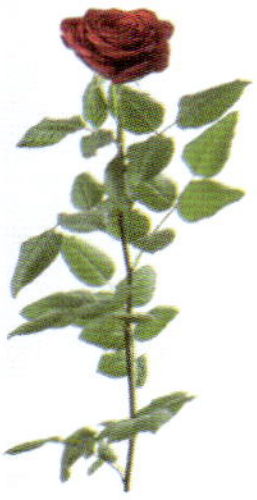
2月撮影

Aurelie

【オーレリー】

つぼみは明るい赤色。花弁には細かなフリルが入り、中心はロゼット状に。開いてくると外弁がやや朱赤のような色みになる。花が大きくボリューム感があり、開きはゆるやか。

スプレー 生産者育種 希少

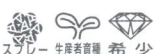

花の大きさ 小 ___ ___ ▼ ___ ___ 大
花の香り 弱 ▼ ___ ___ ___ ___ 強
作出国 日本
作出 興里農場
年 2014

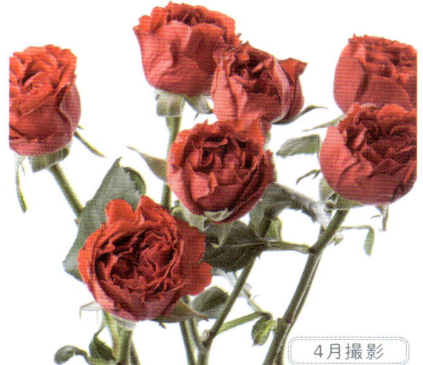

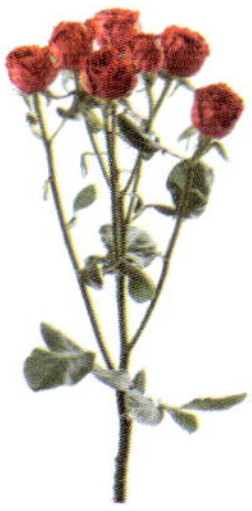
4月撮影

Oscar Shine

【オスカーシャイン】

剣弁高芯咲きで、花弁には名前の通り輝くばかりの光沢があり、張りと厚みがある。日持ちがとても良く、開花してからも花形が崩れない。トゲがほとんどない。

スタンダード

花の大きさ 小 ___ ___ ___ ▼ ___ 大
花の香り なし
作出国 日本
作出 今井ナーセリー
年 2003

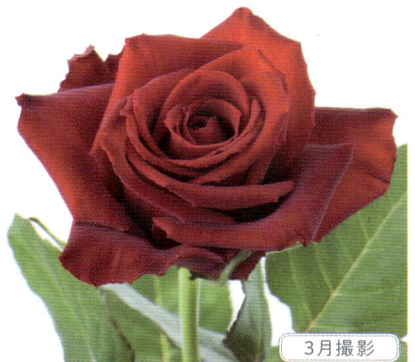

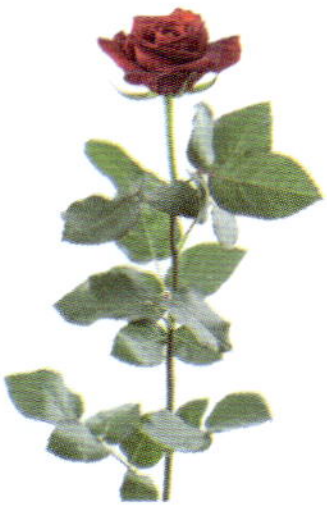
3月撮影

Odette

【オデット】

4月撮影

深いグリーンの葉を持つ、ボリューム感のある中輪のスプレータイプ。つぼみは濃赤色で、開花した花弁には艶がある。開花すると外弁は少し反り返るが、大きく花形は崩れない。鋭いトゲがある。

スプレー　生産者育種　希少
花の大きさ　小 ＿＿▼＿＿ 大
花の香り　なし
作出国　日本
作出　興里農場
年　2014

Omniarubor

【オムニアルベル】

深紅の大輪のカップ咲き。ラテン語で「すべての赤」という意味の花名。光沢のある花弁は大きく厚みがあり、強いフリルが入り、1本として同じ表情ではない。

スタンダード　生産者育種　希少
花の大きさ　小 ＿＿＿▼ 大
花の香り　弱 ▼＿＿＿ 強
作出国　日本
作出　市川バラ園
年　2011

11月撮影

Orientalart!

【オリエンタルアート！】

ピンクがかった赤色の大輪のクォーターロゼット咲き。花弁には光沢があり、艶やか。花弁の1枚が大きく枚数も多いためボリューム感がある。開花してからの日持ちがとても良い。

2月撮影

スタンダード

花の大きさ 小 ▼ 大
花の香り 弱 ▼ 強
作 出 国　オランダ
作　　出　Schreurs
　　　　　（メルヘンローズ）
　年　　　2013［日本］

Caliente!

【カリエンタ！】

弁数が少ないので花が三角形のようになるのが特徴的な半八重咲き。つぼみは濃赤色で1枚ずつ開いていき、咲き続けると花弁にねじれが起こる。きれいに開花すると花芯が見える。

スプレー

花の大きさ 小 ▼ 大
花の香り 弱 ▼ 強
作 出 国　オランダ
作　　出　Schreurs
　　　　　（メルヘンローズ）
　年　　　1999［日本］

2月撮影

Garcia

【ガルシア】

光沢のある赤い花弁で、開きがゆるやかな大輪。半剣弁平咲き。夏場でも色が明るくなりづらい。少し赤みを帯びる照り葉。日持ちがとても良い。

9月撮影

花の大きさ　小 ＿＿＿▼＿ 大
花の香り　　弱 ▼＿＿＿＿ 強
作 出 国　　ドイツ
作　　出　　Brill
　　　　　　（後藤バラ園）
　　年　　　2000［日本］

Canzone

【カンツォーネ】

剣弁高芯咲き。花弁の枚数はさほど多くないが、整った花形。花弁には光沢があり、にごりがなく輝きのある赤色。

10月撮影

花の大きさ　小 ＿＿＿▼＿ 大
花の香り　　なし
作 出 国　　フランス
作　　出　　Nirp International
　　年　　　2001［日本］

Grande Amore
【グランデ アモーレ】

品種名は「偉大な愛」という意味。開花前はつぼみに黒光りするほどの光沢がある。剣弁高芯咲きで、開いてくるうちに明るい赤色へと変化する。開花後も花形はあまり崩れず、日持ちも良い。

11月撮影

花の大きさ 小 ──────▼── 大
花の香り 弱 ▼──────── 強
作出国 ドイツ
作　出 Kordes
　　　（京成バラ園芸）
年　　 2008［日本］

Conte Rosa
【コンテローザ】

品種名はイタリア語で「バラ伯爵」を意味し、名前通りの存在感のあるバラ。光沢のある花弁1枚が非常に大きく、弁数はさほど多くないが、ボリューム感がある。剣弁高芯咲き。

4月撮影

花の大きさ 小 ────▼──── 大
花の香り なし
作出国 日本
作　出 今井ナーセリー
年　　 2012

Samouraï08
【サムライ08】

赤バラの代表的な品種で流通量もトップクラス。日本の「サムライ魂」に敬意を表して命名された。整った剣弁高芯咲きに、光沢のある花弁、つぼみの形も美しい。2009年の日本フラワーオブザイヤー切花部門の最優秀賞に輝いた。

スタンダード

花の大きさ　小＿＿＿＿▼＿大
花の香り　　弱＿▼＿＿＿＿強
作出国　　　フランス
作　出　　　Meilland（京成バラ園芸）
年　　　　　2008［日本］

2月撮影

J-Sound Heart

【J-サウンドハート】

9月撮影

マットな赤に少しピンクがかった花色。花は大きく、つぼみのときから大きめで存在感がある。花弁の枚数は多く、ゆっくりと中心から開いていく。外弁は大きく開かないカップ咲き。

 スプレー　 希少

花の大きさ　小 ＿＿▼＿＿ 大
花 の 香 り　なし
作 出 国　日本
作　　　出　メルヘンローズ
　　　　　　（大田花き）
年　　　　　2013

J-Red Queen

【J-レッドクィーン】

大田花きが手掛けるJ-Roseシリーズの品種。つぼみのときは濃い赤。開花すると光沢のある花弁は少し明るくなり、ピンクを帯びてくる。シャローカップ咲きで大きく開くため、一輪でも存在感がある。

 スプレー　 希少

花の大きさ　小 ＿＿▼＿＿ 大
花 の 香 り　なし
作 出 国　日本
作　　　出　メルヘンローズ
　　　　　　（大田花き）
年　　　　　2005

9月撮影

Shounan Candy Red

【湘南キャンディレッド】

神奈川県の育成品種。丸いつぼみが特徴的。ネーミングの由来はこのつぼみがキャンディの形に似ているため。開花すると光沢のある深い赤色になり、咲き進むとともに徐々に明るくなる。

 スプレー　 希少

花の大きさ　小＿＿▼＿＿大
花の香り　なし
作出国　日本
作出　神奈川県
年　1996

11月撮影

Scarlet Jewel

【スカーレット ジュエル】

鮮やかな赤の花色で、やや小ぶりな花の大きさ。剣弁高芯咲きだが中心はさほど高くならない。フリルが少し入る花弁には艶がある。

 スタンダード

花の大きさ　小＿＿▼＿＿大
花の香り　なし
作出国　オランダ
作出　De Ruiter（京成バラ園芸）
年　2002［日本］

7月撮影

Sensuel

【センシュアル［ルアンカップ］】

名前はフランス語で「官能的な」という意味。花弁はやや光沢があり、赤みの強い濃いピンク色。ロゼット咲き。開花はゆっくりで、咲いてからの日持ちは非常に良い。'ルアンカップ'の名でも流通している。

 スプレー　 希少

花の大きさ　小＿＿▼＿＿大
花の香り　なし
作出国　日本
作出　今井ナーセリー
年　2007

1月撮影

Tamango

【タマンゴ】

半剣弁平咲きのスプレータイプ。つぼみは丸いフォルム。濃い赤色で低温期ではより黒くなる。花弁には光沢があり枚数が多いので、花全体のボリューム感がある。

スプレー

花の大きさ 小 ___▼___ 大
花の香り　なし
作 出 国　オランダ
作　　出　Olij Rozen（京成バラ園芸）
　　年　　2000［日本］

7月撮影

Dallas
【ダラス】

11月撮影

アメリカ・テキサス州にある都市の名前に由来。1980年代から切り花品種として流通している。つぼみはマットな印象だが、明るめの赤い花弁には光沢がある。半剣弁カップ咲きで花弁数はあまり多くない。

 スタンダード

花の大きさ　小＿＿＿▼＿大
花の香り　　なし
作 出 国　　ドイツ
作　　出　　Kordes
　　　　　　（京成バラ園芸）
　年　　　　1986[日本]

Testarossa
【テスタロッサ】

半剣弁高芯咲き。鮮やかな赤の花色。萼が長いのが特徴。1990年代に流通していた'テスタロッサ'は、名前は同じだが異なる花。

 スタンダード　 希少

花の大きさ　小＿＿＿▼＿大
花の香り　　なし
作 出 国　　日本
作　　出　　浅見均
　年　　　　2005

7月撮影

Nouvelle Vogue

【ヌーベルバーグ】

1月撮影

濃赤の花色、花弁には光沢と厚みがある。冬など低温期にはフリルが強く入る珍しい花。フルーティな香りがわずかにある。日持ちは良い。

スタンダード
花の大きさ 小 ▼ 大
花 の 香 り 弱 ▼ 強
作 出 国 ニュージーランド
作 出 Franko Roses
　　　　　（メルヘンローズ）
年 2005［日本］

Burgundy

【バーガンディ】

アフリカで生産されている品種。黒赤で半剣弁高芯咲き。花弁は堅く、表面に光沢がある。花の開きはゆるやかで、開ききることは珍しい。ほのかに香りがある。

5月撮影

スタンダード
花の大きさ 小 ▼ 大
花 の 香 り 弱 ▼ 強
作 出 国 ドイツ
作 出 Kordes
　　　　　（京成バラ園芸）
年

Persimmon⁺

【パーシモン⁺】

2月撮影

艶々した濃いグリーンの葉と朱赤の花色が、品種名の意味である「柿」を連想させる。剣弁ロゼット咲きで、つぼみの変化がダイナミック。光沢のある花弁は、枚数が多く詰まっている。

スタンダード

花の大きさ	小 ────▼── 大
花の香り	なし
作出国	オランダ
作　出	LEX⁺（國枝バラ園）
年	2012［日本］

Burning Love

【バーニングラブ】

シックな濃赤色の小輪でゆっくりと開く。大きなトゲはほとんどないが、花首から下に小さな細かいトゲがある。わずかに香りがある。2003年に発売された品種と同名だが、異なる花。

1月撮影

スプレー

花の大きさ	小 ─▼────── 大
花の香り	弱 ▼────── 強
作出国	日本
作　出	メルヘンローズ
年	2009

Pasadina

【パサディナ】

3月撮影

パサディナは、アメリカのカリフォルニア州ロサンゼルスにある高級住宅街の地名。朱赤色の剣弁高芯咲き。古くから栽培されている品種だが、現在の生産量はとても少ない。ドライフラワーにすると赤がはっきりと出る。

スタンダード　希少

花の大きさ　小 ─────▼─ 大
花の香り　　弱 ──▼───── 強
作 出 国　　ドイツ
作　　出　　Kordes
　　　　　　（京成バラ園芸）
　年　　　　1982

Passione

【パッシオーネ】

フラワーオークションジャパンが企画した限定品種。名前は「情熱を持って愛を伝えよう」というコンセプトから、イタリア語で「情熱」を意味する。つぼみのときは外弁の裏側の色が黒いため落ち着いた印象だが、開花すると明るくビロードのような艶が魅力的。

スタンダード　希少

花の大きさ　小 ──▼───── 大
花の香り　　なし
作 出 国　　オランダ
作　　出　　Terra Nigra
　　　　　　（オランダウェブ）
　年

10月撮影

HANABI

【HANABI】

5月撮影

黒みのある赤い花色。花弁は厚く、フリルが入っている。とても日持ちが良く、花芯が見えていても長く楽しめる。夏の花火のような花形から命名。

スタンダード　生産者育種　希少

花の大きさ　小 ──────▼ 大
花の香り　なし
作出国　日本
作　出　やぎバラ園
年　　　2010

Papa Meilland

【パパ メイアン】

フランス・メイアンの現代表のアラン・メイアン氏が祖父の愛称をつけた古くからよく知られるバラ。花色は気温により変化し、低温期はより黒くなる。花弁の枚数は多くないため、咲き進むと花芯が見える。開きは早い。強い香りがある剣弁高芯咲き。切り花バラとしては生産が難しいため、生産は希少。

6月撮影

スタンダード　希少

花の大きさ　小 ──────▼ 大
花の香り　弱 ──────▼ 強
作出国　フランス
作　出　Meilland
　　　　（京成バラ園芸）
年　　　1963

Baringo
【バリンゴ】

ピンクがかった赤の華やかな少し小ぶりの大輪。咲き進むと花弁の反り返りが次々と重なっていく。花弁には光沢があり、艶やか。花弁の枚数が多く、詰まっている。剣弁高芯咲き。

スタンダード
花の大きさ 小 ▁▁▁▼▁▁ 大
花 の 香 り　なし
作 出 国　オランダ
作　　出　Terra Nigra
　　　　　（オランダウェブ）
　　年

6月撮影

Valentino
【バレンチノ】

つぼみでは黒っぽいが開花するにつれ、明るい赤色になる。咲きはゆるやかで、大きく開かない。主にアフリカで生産されている品種。トゲがなく、茎や葉柄が赤みを帯びている。

スタンダード
花の大きさ 小 ▁▁▁▼▁▁ 大
花 の 香 り　なし
作 出 国　オランダ
作　　出　Interplant
　　　　　（京成バラ園芸）
　　年

5月撮影

Piano
【ピアノ】

4月撮影

ヨーロッパと南米で露地栽培にて生産されている。国内での生産は気象上難しいため行われていない。そのためフラワーデザイナーから引き合いは強いが流通量が少ない。ディープカップロゼット咲き。小さなつぼみが1、2輪ついている。

スプレー　希少

花の大きさ	小＿＿＿＿▼＿大
花の香り	なし
作出国	ドイツ
作出	Tantau（京成バラ園芸）
年	2007

Hiiro
【ひいろ】

半八重の花弁にはフリルが入り、光沢のある明るい緋色。花弁の裏はマットな質感。側枝は長く、しなやかな茎を持つ。トゲは多め。'和花'の枝変わり品種。

スプレー　生産者育種　希少

11月撮影

花の大きさ	小＿▼＿＿＿＿大
花の香り	弱▼＿＿＿強
作出国	日本
作出	Rose Farm KEIJI
年	2013

Big Time
【ビッグ タイム】

光沢の鮮やかな濃いピンクともいえる明るい赤の花色と、濃いグリーンの照り葉が印象的。花弁の裏もワックスを塗ったような輝きがある。縦長のフォルムのつぼみから、巨大輪に近いほど大きな剣弁高芯咲き。

花の大きさ　小＿＿＿＿＿▼＿大
花の香り　なし
作出国　オランダ
作出　Interplant（京成バラ園芸）
年　2001[日本]

2月撮影

First Edition
【ファーストエディション】

オレンジがかった朱赤の花色に、細かなフリルの波状弁を持つ。その花姿がまるでカーネーションのような咲き方ともいえる。濃いグリーンの照り葉を持つ。開花してからの持ちが良い。

花の大きさ　小＿＿＿▼＿＿大
花の香り　弱＿▼＿＿＿強
作出国　オランダ
作出　Terra Nigra（オランダウェブ）
年　2004[日本]

11月撮影

Fire King
【ファイヤー キング】

半剣弁平咲きの小輪の花は、明るい赤色で透明感のある花弁の質感が特徴的。開きはゆるやかで、日持ちがとても良い。低温期には花の輪数がやや少なくなる。

希少
花の大きさ　小＿▼＿＿＿＿大
花の香り　なし
作出国　フランス
作出　Meilland（京成バラ園芸）
年　1997[日本]

4月撮影

Femme fatale

【ファムファタール】

名前はフランス語で「運命の人」。艶のある紫がかった深い赤系のシャローカップ咲き。甘いティー系の香り。高温期はややピンクみを帯びるが咲き進むと深みは回復。通年花首でしなり正面を向いた咲き姿になる傾向だが、日持ちはとても良い。

 スタンダード　 希 少

花の大きさ	小 ――――▼―― 大
花の香り	弱 ――▼―――― 強
作 出 国	日本
作　　出	エトル・ファシネ
年	2011

5月撮影

Fanfare

【ファンファール】

黒みを帯びたスプレーバラ。花弁はビロードのような光沢と質感。外弁が大きく開き、開花すると剣弁高芯咲きになる。トゲは少ない。海外では'ルビコン'の名前で流通している。

花の大きさ 小 ___▼___ 大
花 の 香 り　なし
作 出 国　オランダ
作　　 出　Interplant
　　　　　（京成バラ園芸）
　 年　　 2007

2月撮影

Fiorenza

【フィオレンツァ】

しっかりとした厚みのある花弁の真紅のバラ。剣弁高芯咲きで、花弁数はあまり多くない。花弁の表には光沢があり、裏はマットな質感。濃いグリーンの葉を持つ。

花の大きさ 小 ___▼___ 大
花 の 香 り　なし
作 出 国　オランダ
作　　 出　De Ruiter
　　　　　（京成バラ園芸）
　 年　　 2013[日本]

6月撮影

Fugador

【フーガドール】

5月撮影

つぼみではやや暗めの赤色。厚みのある花弁にフリルが入る半剣弁高芯咲きで、表面に光沢があり、光の加減で異なる表情を見せる。咲きはとてもゆるやかで日持ちが良い。トゲがあまりない。

スタンダード　生産者育種　希少

花の大きさ　小 _____▼___ 大
花の香り　　弱 ▼_____ 強
作 出 国　　日本
作　　出　　やぎバラ園
年　　　　　2014

Black Baccara

【ブラック バッカラ】

黒赤の品種として長く愛されている品種。オーソドックスな印象の整った花形は剣弁高芯咲き。花弁はビロードのような質感と光沢があり、開花してもボリューム感がある。

スタンダード

花の大きさ　小 _____▼___ 大
花の香り　　弱 ▼_____ 強
作 出 国　　フランス
作　　出　　Meilland
　　　　　　（京成バラ園芸）
年　　　　　2000 [日本]

6月撮影

Black Beauty

【ブラック ビューティー】

黒赤の剣弁高芯咲きの中輪。フロリバンダ種。'フリスコ'（下巻）の枝変わり品種。花は小ぶりだが、整った花形で開花する。咲きはやや早め。季節や生産地により黒の色みが変わることが多い。スプレー仕立ても流通している。発売時の1997年には、話題になった品種。

6月撮影

花の大きさ	小 ▼ 大
花の香り	弱 ▼ 強
作出国	ドイツ
作出	Kordes（京成バラ園芸）
年	1997［日本］

Freedom

【フリーダム】

落ち着いた赤色の剣弁高芯咲き。開きはゆるやかだが、咲いてくると、花色に赤みが増してくる。日本では栽培されておらず、南米産、アフリカ産が流通している。

花の大きさ	小 ▼ 大
花の香り	なし
作出国	ドイツ
作出	Tantau（京成バラ園芸）
年	2004

5月撮影

Furiosa
【フリオサ】

黒みを帯びた赤い花色の剣弁高芯咲き。つぼみからゆっくりと開花し、すべて開ききることはあまりない。花弁の光沢が上品な質感で存在感のある大輪。アフリカを中心に栽培されており、輸入品が多く流通している。

スタンダード

花の大きさ　小＿＿＿＿▼＿大
花の香り　なし
作 出 国　オランダ
作　　出　Terra Nigra
　　　　　（オランダウェブ）
　　　年　＿＿＿

Bull's Eye
【ブルズアイ】

名前のブルズアイとは弓矢の的の中心を意味し、そこから「大当たり！」という意味も含む。花弁の枚数が多い半剣弁高芯咲き。しっかりとした巻きが特徴的で、花弁には光沢と厚みがある。

スタンダード

花の大きさ　小＿＿＿＿▼＿大
花の香り　弱＿＿＿▼＿＿強
作 出 国　オランダ
作　　出　Terra Nigra
　　　　　（オランダウェブ）
　　　年　2002［日本］

Purupian
【ぷるぴあん】

星形に花弁が開いていくユニークな品種。弁数は多くないが堅く、花も中輪タイプでボリューム感があり、開花してからの日持ちも良い。花弁の裏にも光沢がある珍しいタイプ。

スプレー　希少

花の大きさ	小 ___▼___ 大
花の香り	なし
作出国	日本
作出	浅見均
年	2008

7月撮影

Predear+
【プレディア+】

明るめの朱赤の花色。小輪のスプレータイプ。花弁の枚数は多く、外弁は大きく開く。ほんのりと甘い香りがある。濃いグリーンの照り葉を持ち、トゲはほとんどない。

スプレー

花の大きさ	小 ▼_____ 大
花の香り	弱 ___▼___ 強
作出国	オランダ
作出	LEX+（國枝バラ園）
年	2013［日本］

2月撮影

Vendetta!
【ベンデッタ!】

つぼみは濃赤、開花すると光沢のある明るい赤色に。剣弁高芯咲きの整った花形でほのかに甘い香りがある。

スタンダード

花の大きさ	小 _____▼_ 大
花の香り	弱 ___▼___ 強
作出国	オランダ
作出	Schreurs（メルヘンローズ）
年	2007［日本］

6月撮影

Bordeaux
【ボルドー】

光沢のある黒みを帯びた赤の花色。剣弁高芯咲きで開花してからの動きがゆっくりとしているため、長く楽しめる。花弁にしっかりとした厚みがある。

10月撮影

スタンダード

花の大きさ 小 ▂▂▂▂▼▂ 大
花の香り 弱 ▂▂▼▂▂▂ 強
作 出 国　ドイツ
作　　出　Kordes
　　　　　（京成バラ園芸）
　　年　　2006［日本］

Ma Cherie⁺
【マ・シェリ＋】

落ち着いた深い赤色に、強くフリルが入った波状咲き。花弁はビロードのような光沢があり、肉厚。ほのかな香りがある。

スタンダード

花の大きさ 小 ▂▂▂▼▂▂ 大
花の香り 弱 ▼▂▂▂▂▂ 強
作 出 国　オランダ
作　　出　LEX⁺
　　　　　（國枝バラ園）
　　年　　2010［日本］

11月撮影

Madre⁺

【マードレ⁺】

光沢のある赤い花弁を持ち、外弁がより濃い赤色の剣弁高芯咲き。トゲは少ないが、花首の下に細く鋭いトゲが少しある。

2月撮影

スタンダード

花の大きさ　小 _____▼__ 大
花の香り　なし
作出国　オランダ
作　出　LEX⁺
　　　　（國枝バラ園）
年　　　2008［日本］

Matilda

【マチルダ】

赤みのあるレンガ色の大輪種。花弁は枚数が多く、咲きはゆるやか。弁先が少し黒っぽいこともある。鋭いトゲがある。国内では生産されておらず、アフリカ産などが流通している。

スタンダード

花の大きさ　小 ___▼_____ 大
花の香り　なし
作出国　フランス
作　出　Meilland
　　　　（京成バラ園芸）
年

4月撮影

Marryme
【マリーミー】

「私と結婚してください」というプロポーズに最適な品種名。つぼみのうちは黒赤で光沢がある。剣弁高芯咲きで、厚みのある花弁が大きく開き剣弁になると色が徐々に明るくなる。葉は濃いグリーンで照りがある。

11月撮影

スタンダード
花の大きさ 小 ▬▬▬▬▼▬ 大
花の香り なし
作出国 ドイツ
作 出 Kordes
（京成バラ園芸）
年 2013［日本］

Marirouge
【マリルージュ】

女優の夏木マリ氏が命名した品種。つぼみでは濃い赤色で開花すると明るくなる。花弁はしっとりとしたマットな質感で、咲きは非常にゆるやかで日持ちが良い。生産地は全国1カ所のみで、販売している店舗は限定されている。

1月撮影

スタンダード 希少
花の大きさ 小 ▬▬▬▬▼▬ 大
花の香り なし
作出国 日本
作 出 今井ナーセリー
年 2007

Mal d'amour
【マルダムール】

名前はフランス語で「恋煩い」の意味。ほのかに甘い香りのあるカップ咲き。ゆっくりと咲き進み、外弁は大きく広がり反り返る傾向がある。低温期では、色合いに深みが強くなる。

10月撮影

スタンダード　希少

花の大きさ　小 ──▼── 大
花の香り　　弱 ─▼─── 強
作 出 国　日本
作　　出　今井ナーセリー
　年　　　2008

Martines
【マルチネス】

ややピンクがかった赤が花弁の内側の色。花弁の裏は白いため、咲いてくると覆輪に見える。花弁の枚数はあまり多くない。外弁は少し反り返る。香りが強い。

スタンダード

花の大きさ　小 ───▼── 大
花の香り　　弱 ──▼─── 強
作 出 国　フランス
作　　出　Meilland
　　　　　（京成バラ園芸）
　年　　　1997［日本］

7月撮影

Mister
【ミスター】

光沢がある濃赤色。外弁は特に深い赤。半剣弁高芯咲きで開きはゆるやか。強くはないが良い香りがある。濃いグリーンの葉は、艶やかな照りがある。

4月撮影

花の大きさ 小 ▼ 大
花の香り 弱 ▼ 強
作出国 日本
作　出 浅見均
　年 2013

Myrna⁺
【ミルナ⁺】

花弁が大きくフリルが入る。表面は光沢があるが、裏面はマットな印象。巻きが多く、ボリュームがある剣弁高芯咲き。トゲは少なめ。

花の大きさ 小 ▼ 大
花の香り なし
作出国 オランダ
作　出 LEX⁺
　　　（國枝バラ園）
　年 2012[日本]

11月撮影

Main
【メイン】

真紅のバラというのにぴったりの明るい花色で、花弁には光沢がある。トゲは少なく香りがある。半剣弁高芯咲き。

[5月撮影]

スタンダード　希少

花の大きさ　小 ────▼──── 大
花の香り　　弱 ──▼────── 強
作 出 国　日本
作　　 出　浅見均
　年　　　1996

Main Cast
【メインキャスト】

つぼみはマットな濃赤色、開いてくると明るい赤色に。巻きが多いため、つぼみでもボリューム感があるうえにカップが深い。開花はゆっくり。花形も崩れにくく日持ちがとても良い。トゲが少ない。

スタンダード

花の大きさ　小 ──▼────── 大
花の香り　　弱 ▼──────── 強
作 出 国　日本
作　　 出　今井ナーセリー
　年　　　2008

[1月撮影]

Lancelot!
【ランスロット！】

明るめの赤色の剣弁高芯咲き。花弁の表面には光沢があり、外弁はダークな色みで、中心へいくほどクリアになっていく。開花するとボリューム感が増す。トゲがほとんどない。

スタンダード
花の大きさ　小 ＿＿＿＿＿▼＿ 大
花の香り　　弱 ＿▼＿＿＿＿＿ 強
作 出 国　オランダ
作　　出　Schreurs
　　　　　（メルヘンローズ）
　　年　　2014［日本］

4月撮影

Little Mabel
【リトル マーベル】

1990年代から2000年ごろまで、スプレータイプの赤系としては生産量が多く、長らく定番として愛されてきた品種。明るい朱赤の花色が特徴。小輪の剣弁平咲きで、小さくて堅い花弁を持つ。

スプレー
花の大きさ　小 ＿＿▼＿＿＿＿ 大
花の香り　　なし
作 出 国　オランダ
作　　出　De Ruiter
　　　　　（京成バラ園芸）
　　年　　1991［日本］

11月撮影

Rouge Royale

【ルージュ ロワイヤル】

紫がかった赤の花色の半剣弁ロゼット咲き。花弁の裏は白みがかるため、つぼみと開花してからでは印象が異なる。咲き進むにつれ花が大きくなり、変化が大きい品種。香りはとても強い。

スタンダード

花の大きさ 小 _____▼__ 大
花の香り 弱 _____▼ 強
作 出 国　フランス
作　　出　Meilland（京成バラ園芸）
年　　　　2011［日本］

3月撮影

Ruby Red
【ルビーレッド】

花弁の表は光沢がありビロードのよう。黒みのある赤、裏弁が薄いピンクであるため、開花していくとき2色のコントラストが印象的。トゲがほとんどない。

スタンダード

花の大きさ　小＿＿＿▼＿大
花の香り　弱＿▼＿＿＿強
作 出 国　オランダ
作　　出　―――
　　年　　2000［日本］

Regalo
【レガーロ】

半剣弁高芯咲き。外弁がマットな明るい赤色なため、つぼみのとき明るい印象。開き始めると花色は光沢のある濃赤色に。トゲがほとんどない。

スタンダード　生産者育種　希 少

花の大きさ　小＿＿＿▼＿大
花の香り　なし
作 出 国　日本
作　　出　後藤バラ園
　　年　　2009

Red Elegance
【レッド エレガンス】

濃い赤の大輪。半剣弁ロゼット咲き。外側の花弁ほど黒っぽく、咲いてくるほど中心は明るさを帯びてくる。花弁の表面はビロードのような質感がある。日持ちがとても良い。

3月撮影

花の大きさ　小 _____▼__ 大
花の香り　なし
作出国　フランス
作　出　Meilland
　　　　（京成バラ園芸）
年　　　2011［日本］

Red Calypso
【レッド カリプソ】

明るい赤色の半剣弁高芯咲き。花弁には光沢があり、艶やかな印象。アフリカなどのからの輸入品での流通が多い。濃いグリーンの葉を持つ。

花の大きさ　小 ___▼_____ 大
花の香り　なし
作出国　オランダ
作　出　De Ruiter
　　　　（京成バラ園芸）
年　　　1999

5月撮影

Red Candy

【レッド キャンディ】

小輪で濃い赤色、花弁には光沢がある。つぼみが細長いフォルムで、開花すると半剣弁平咲きに。わずかだが香りがある。

スプレー

花の大きさ　小 ▼＿＿＿＿ 大
花の香り　　弱 ▼＿＿＿＿ 強
作 出 国　　日本
作　　出　　京成バラ園芸
　年　　　　2002

Red Sunshine

【レッドサンシャイン】

明るい朱赤色の半剣弁高芯咲き。花は小輪だが、開花するとボリューム感がある。濃いグリーンの葉を持ち、トゲは少ない。

スプレー

花の大きさ　小 ▼＿＿＿＿ 大
花の香り　　弱 ▼＿＿＿＿ 強
作 出 国　　＿＿＿
作　　出　　＿＿＿
　年　　　　＿＿＿

Red Star

【レッド スター】

花色は明るい鮮やかな赤。剣弁高芯咲きで整ったバラらしい花形が特徴。日持ちが非常に良い。

2月撮影

スタンダード
花の大きさ 小 _____▼_ 大
花の香り　 弱 ▼_____ 強
作 出 国　ドイツ
作　　出　Kordes
　　　　　（京成バラ園芸）
年　　　　2004 [日本]

Red Paris

【レッド パリ】

黒赤の光沢のある花色で、咲きはゆるやか。花はあまり大きくない半剣弁高芯咲きで、花弁に少しフリルが入る。鋭いトゲがある。国内生産はなく、海外のみの生産。

スタンダード
花の大きさ 小 ___▼___ 大
花の香り　 弱 ▼_____ 強
作 出 国　オランダ
作　　出　Olij Rozen
　　　　　（京成バラ園芸）
年　　　　――

5月撮影

Red France

【レッドフランス】

葉は厚みがあり、照りのある深いグリーン。つぼみの色はややマットな濃赤色で、咲いてくると明るくなる。花弁には光沢があり、外弁はややフリルが入る。

11月撮影

スタンダード　希少
花の大きさ　小 ___▼___ 大
花の香り　なし
作出国　———
作　出　———
年　———

Red Macarena

【レッド マカレナ】

少しピンクがかった鮮やかな赤の花色。スプレータイプ。'マカレナ'（下巻）の枝変わり。半剣弁平咲きで、花芯が出てくるまで咲ききる。

スプレー
花の大きさ　小 _▼____ 大
花の香り　なし
作出国　オランダ
作　出　Interplant
　　　　（京成バラ園芸）
年　2000[日本]

5月撮影

Red Ranuncula
【レッド ラナンキュラ】

'ラナンキュラ'の枝変わり品種で、明るい赤の丸弁ロゼット咲き。中心にグリーンのしべが見える。ユニークな花形もあり、多様に楽しめる。

6月撮影

花の大きさ 小 ____▼____ 大
花 の 香 り なし
作 出 国 ドイツ
作　　 出 Kordes
　　　　　（京成バラ園芸）
年　　　 2006［日本］

Red Ribbon
【レッド リボン】

つぼみでは黒みがかった色だが、開花し始めると、花弁に光沢があるためかなり明るい輝くような赤へと変化する。アフリカ産が中心の流通。

花の大きさ 小 ____▼__ 大
花 の 香 り なし
作 出 国 ドイツ
作　　 出 Kordes
　　　　　（京成バラ園芸）
年

10月撮影

Red One
【レッド ワン】

花弁にはビロードのような光沢があり、黒みがかった赤の花色。花弁の枚数はあまり多くなく、つぼみからきれいに開花する。整った花形。開花はゆっくり。

10月撮影

スタンダード
花の大きさ　小 ＿＿＿＿▼＿ 大
花の香り　なし
作 出 国　オランダ
作　　出　De Ruiter
　　　　　（京成バラ園芸）
　　年　　2002 [日本]

Lady Love
【レディ ラブ】

ビロードのような光沢があり、花色は濃赤色。トゲがほとんどない。花弁の枚数は多い。当初は半剣弁高芯咲きの花形だが、開花が進むとロゼット咲きへと変化する。日持ちは良い。

スプレー
花の大きさ　小 ＿＿＿▼＿＿ 大
花の香り　弱 ＿＿＿▼＿＿ 強
作 出 国　オランダ
作　　出　Interplant
　　　　　（京成バラ園芸）
　　年　　2012 [日本]

1月撮影

Rote Rose

【ローテローゼ】

日本生まれで、赤バラの大ヒット品種であり、1980年代後半から2000年代までの超ロングセラー。赤バラといえば、ローテローゼという時代を築いた品種。濃赤の花色は高温期は明るくなる。名前はドイツ語で「赤いバラ」。

スタンダード
花の大きさ　小 ＿＿＿▼＿大
花の香り　　弱 ▼＿＿＿＿強
作出国　　　日本
作　出　　　浅見均
年　　　　　1986

2月撮影

Rhodos
【ロードス】

光沢のある花弁はとても堅く、巻きも多い。ゆっくりと開花し、外弁は大きく広がらないので花形が崩れない。つぼみでは黒いが開花するにつれて、中央から鮮やかな色へと変化する。トゲがほとんどない。

花の大きさ　小 ＿＿＿＿▼＿ 大
花の香り　　弱 ＿＿▼＿＿＿ 強
作 出 国　オランダ
作　　出　De Ruiter（京成バラ園芸）
年　　　　────

5月撮影

2月撮影

開花時

Rosso Classico

【ロッソ クラシコ】

つぼみのときは濃赤色の高芯咲きのようだが、開花が進むとカップ咲きへと劇的に変化する。幾重にも重なる光沢のある真紅の花弁が特徴的。花持ちがとても良い。

スタンダード

花の大きさ　小＿＿＿▼＿大
花 の 香 り　弱▼＿＿＿＿強
作 出 国　ドイツ
作　　出　Tantau（京成バラ園芸）
年　　　　2006［日本］

Rolex
【ロレックス】

つぼみはマットな濃赤色だが、開花すると明るい赤色の剣弁高芯咲きに。花弁にはやや光沢があり、日持ちはとても良い。トゲは多くない。茎や葉が赤色を帯びることも。

1月撮影

スタンダード
花の大きさ 小 ＿＿＿＿▼＿ 大
花の香り なし
作 出 国 オランダ
作　　出 Preesman
　　　　（メルヘンローズ）
年　　　 2002［日本］

Wild Calypso
【ワイルド カリプソ】

ほのかにフルーティな香りがある。ピンクを帯びた赤で、蛍光色のような鮮やかさが特徴。花弁に光沢がある。日本未発表品種のため、アフリカからの輸入品が流通している。

スタンダード
花の大きさ 小 ＿＿＿＿▼＿ 大
花の香り 弱 ▼＿＿＿＿＿ 強
作 出 国 オランダ
作　　出 De Ruiter
　　　　（京成バラ園芸）
年　　　 ＿＿＿

5月撮影

Column

切り花バラの香り

切り花バラの香りは大きく5タイプ

モダンローズの香りについては、パフューマリー・ケミストである蓬田勝之氏により多くの品種の香りが分析され、下記の5つのタイプにダマスク・クラシック香、スパイシー香を含んだ7つがモダンローズの香りとされている。ここでは、切り花バラの香りに特化しているため、切り花バラに多い5タイプについて紹介する。

【ダマスク・モダン香】
強い甘さと華やかさを持つダマスク・クラシックの香りの成分を受け継ぎながら、香りの成分バランスが異なるため、より情熱的で洗練された濃厚な香り。
▷ 写真：イブ ピアッチェ

【ティー香】
中国由来のロサ・ギガンテアやチャイナ系のオールドローズの香り特徴成分を含有する。香り立ちは中程度であるがグリーン・バイオレットの香りが基調となり、上品で優雅な印象を与え拡散性がある。'友禅'は、香り始めはティー香。モダンローズの多くがこの香りを持つ。
▷ 写真：友禅

【フルーティ香】
ダマスク・クラシックとティーの香りがさまざまな成分でミックスされることで、ピーチ、アプリコット、リンゴのようなフルーツをイメージさせる、さわやかな若々しい香りに。フルーティ香でも香りは多様。
▷ 写真：フィオナ（下巻）

【ブルー香】
紫系・ブルー系の花色に多い香り。
一部の香りが弱い品種をのぞき、類似の香りを持っている。
ダマスク・モダン香とティー香がミックスした、シャープな香り。
▷ 写真：ブルー パフューム（下巻）

【ミルラ香】
ミルラとは、イギリスでガーデンミルラまたはスイートシシリーと呼ばれるセリ科のハーブのこと。同じセリ科のアニスのような独特の香りがある。David Austin作出のイングリッシュローズに多く見られる香り。
ダマスクやティー香と混同したものが多い。
▷ 写真：アムルーズ・ド・トワ

Column

切り花バラの香り基礎知識

　現在流通しているモダンローズはさまざまなバラが交配され、生まれてきたため、香りもさまざまな香りがミックスされているのが現状。そのため、単純に香りのタイプに当てはめることは非常に難しく、成分分析を行っても1種の香りだけを持っている花はほとんどない。異なる品種で同じティー香とされていても、共通のティー香以外の成分が異なると香りの印象は大きく変わる。

　さまざまな香りを併せ持つモダンローズは、交配による複雑化だけでなく、生産環境や季節、天候などにより、同じ品種でもあっても香りの強弱が異なることが多々ある。切り花バラの場合はガーデンローズと比較すると、香りを感じない品種が多い。ところが、採花せずにハウスで開花させると香りを感じる品種もある。このように、切り花にしたことで香りが弱くなるケースもある。

　花の開花ステージによる香りも、品種により大きく異なる。つぼみのときから香しい品種、咲き始め（トップノート）から、満開のとき（ミドルノート）、そしてその後の残り香（ラストノート）がすべて異なるもの、開花してから香りを放つもの、多種多様である。いずれもバラが工業製品ではなく、植物という生き物であるからこそである。

　バラの香りの強さは温度にも大きく影響する。花弁に含まれるオイルが温度が上がることで揮発し、香りが放出される。そのため低温管理されているバラは香りが弱かったり、無臭のように感じられることが多い。そんなときは、バラの花弁を両手で包み、しばらく温めると、香りが立ち上がってくる。

バラの香りの効能

　多くのモダンローズの多少なりともには含まれるティーローズエレメントというティー香の物質。この物質がラベンダーやベルガモットの香りなどよりも、人々へ鎮静効果を与える効果を持っていることは科学的に証明されている（蓬田勝之氏研究より）。そのうえ、血中のストレス値を軽減させ、ストレスを和らげる効果も実証されている。

　そしてティーローズエレメントには、美肌効果も。皮膚バリア機能の回復を促し、皮膚を正常な状態に保つスキンケア効果が期待できる。いずれも人工的に同様の香りを作り出すことはできるが、天然のバラの香りがやはり効果的。ぜひ生きているバラでこれらの効能を感じて欲しい。

監修／蓬田勝之［蓬田バラの香り研究所株式会社］

ピンク

PINK

[もも]

I Dream

【アイドリーム】

華やかな蛍光ピンクの花色、裏弁は白い。花弁の枚数はあまり多くない。半剣弁高芯咲きで、つぼみは細長い。側枝が長くトゲが鋭い。ほのかに香りがある。品種名は作出者の名前の頭文字から。

4月撮影

スプレー　希少

花の大きさ　小＿＿▼＿＿＿＿大
花の香り　弱▼＿＿＿＿＿強
作出国　日本
作　出　今井ナーセリー
年　　　2002

Eileen

【アイリーン】

花色は青みがかったピンクで、ボリューム感のある剣弁高芯咲き。'ファンファール'の枝変わり品種。親品種よりも花が大きい。

スプレー

花の大きさ　小＿＿▼＿＿大
花の香り　弱＿＿▼＿＿強
作出国　オランダ
作　出　Interplant
　　　　（京成バラ園芸）
年　　　2009［日本］

2月撮影

Akane

【茜】

まるでシャクヤクやボタンのような咲き方は、ダイナミックかつゴージャス。花は大きいが草姿は繊細で、まさに和バラといった佇まい。花色は淡いコーラルピンク。外弁はとても大きい。香りも良い。

スタンダード　生産者育種　希 少

花の大きさ　小 _____▼_ 大
花の香り　　弱 ____▼__ 強
作 出 国　　日本
作　　出　　Rose Farm KEIJI
年　　　　　2010

3月撮影

Aqua!

【アクア！】

少しライラック色がかったピンクの花色。甘い香りがある。花弁の裏側は白で、横から見ると花色の違いがわかる。

5月撮影

スタンダード
花の大きさ 小 ____▼__ 大
花の香り 弱 __▼____ 強
作 出 国 オランダ
作　　出 Schreurs
　　　　（メルヘンローズ）
年　　　 2001 [日本]

Acropolis

【アクロポリス】

花弁の枚数は多いが、つぼみのフォルムはスリム。表側の花弁は透明感のあるピンクで、裏側は白っぽい。咲きはゆるやか。

スタンダード
花の大きさ 小 ____▼__ 大
花の香り 弱 __▼____ 強
作 出 国 オランダ
作　　出 Preesman
　　　　（メルヘンローズ）
年　　　 2011 [日本]

3月撮影

Astral

【アストラル】

花色は青みがかったピンク色。外弁には少しグリーンが入る。フリルの入った剣弁平咲きで日持ちが良い。トゲは少なめ。

スプレー
花の大きさ 小 ────▼──── 大
花の香り なし
作出国 オランダ
作　出 Interplant
　　　（京成バラ園芸）
年　　 2004［日本］

4月撮影

Attaché

【アタッシェ】

甘い香りに、発色の良いピンクのグラデーションの花色。半剣弁高芯咲き。外弁にはフリルが少し入り、大きく開く。花色は中心へと濃くなる。

スタンダード
花の大きさ 小 ─────▼─── 大
花の香り 弱 ───▼───── 強
作出国 ドイツ
作　出 Tantau
　　　（京成バラ園芸）
年　　 1998［日本］

11月撮影

Atori Sweet
【アトリスイート】

かなり淡いピンクで、外弁は少しグリーンが入った白。カップが深い花形で開花するとボリューム感が増す。静岡県のJA清水のオリジナル品種。

4月撮影

スプレー　生産者育種　希少

花の大きさ　小 ___▼___ 大
花の香り　　弱 ▼_____ 強
作出国　　　日本
作　出　　　JA清水
年　　　　　2004

Applaudir
【アプラディール】

透明感のある濃いピンク。花弁がとても堅い。外弁がグリーンがかるため、印象としては茶色がかった雰囲気に。開いてくるときに、花弁が尖り、整った剣弁高芯咲きになる。咲きはゆっくりで日持ちは良い。

3月撮影

スタンダード

花の大きさ　小 _____▼ 大
花の香り　　弱 __▼___ 強
作出国　　　日本
作　出　　　今井ナーセリー
年　　　　　2010

Abraham Darby

【アブラハム・ダービー】

イングリッシュローズのひとつでガーデンローズとして人気が高い。アプリコットピンクのシャローカップロゼット咲き。強い香りがある。品種名はイギリスの産業革命において重要な役割を果たした、アブラハム・ダービーへ敬意を表して命名された。

花の大きさ 小 ▼ 大
花の香り 弱 ▼ 強
作出国 イギリス
作出 David Austin
年 1985

6月撮影

Apricot Foundation

【アプリコット ファンデーション】

アプリコットの淡い丸弁カップ咲き。つぼみがかなり丸く大きい。外弁は少しピンクがかっており、中心よりワントーン濃い。'ファンデーション'(下巻)の枝変わり品種。

花の大きさ 小 ▼ 大
花の香り 弱 ▼ 強
作出国 ドイツ
作出 Tantau
 (京成バラ園芸)
年 2008[日本]

4月撮影

Apricot Miho

【アプリコットミホ】

ボリューム感のあるカップ咲き。つぼみは薄いピンク色、開いてくると中心がほんのりアプリコットピンクへ変化していく。トゲがほとんどない。

2月撮影

スプレー	希少

花の大きさ　小 ___▼___ 大
花の香り　　弱 ▼_____ 強
作出国　　日本
作　出　　今井ナーセリー
年　　　　2006

Apris⁺

【アプリス⁺】

サーモンピンクの花色で花付きが良いスプレータイプ。花弁には光沢がある。トゲは少ない。

スプレー

花の大きさ　小 ___▼___ 大
花の香り　　弱 ▼_____ 強
作出国　　オランダ
作　出　　LEX⁺
　　　　　（國枝バラ園）
年　　　　2013［日本］

5月撮影

Approach!
【アプローチ！】

外弁は淡いピンク、中心へいくほど色が濃くなり、ピンクのグラデーションが美しい品種。巻きも多くつぼみも大きい。外弁が大きく外へ広がるため、開花してからもボリュームがある。トゲは少なめで、甘い香りがある。

2月撮影

スタンダード
花の大きさ　小 ──────▼── 大
花の香り　　弱 ──▼────── 強
作 出 国　オランダ
作 　 出　Schreurs
　　　　　（メルヘンローズ）
年　　　　2013［日本］

Amoureuse
【アムルーズ】

名前はフランス語で、「恋人」の意味。開花するとポンポン咲きになる。冬の間はシックなピンク、気温が上がると明るいピンクへと花色が変わる。中心のグリーンのしべが見えることもあるが、変異も多く、見えないこともある。香り高い。

スタンダード　生産者育種　希 少
花の大きさ　小 ───▼────── 大
花の香り　　弱 ──────▼── 強
作 出 国　日本
作 　 出　市川バラ園
年　　　　2008

6月撮影

Amoureuse de toi

【アムルーズ・ド・トワ】

名前はフランス語で「あなたに恋している」の意味。つぼみはややサーモン色系で、咲き進むとやや青みを帯びた甘いピンクのロゼット咲き。ミルラ系の香りが深く香りの持続性も強い。高温期は咲き進むのが早め。

スタンダード　希少

花の大きさ　小 ＿＿＿▼＿ 大
花の香り　　弱 ＿＿＿▼＿ 強
作 出 国　　日本
作　　出　　エトル・ファシネ
年　　　　　2012

5月撮影

Aya
【綾】

澄んだライトピンクのカップ咲きのスプレータイプ。名前の由来は作出者の娘の名から。ほんのりと香りがある。

3月撮影

花の大きさ　小 ____▼__ 大
花の香り　　弱 ▼_____ 強
作 出 国　　日本
作　　出　　Rose Farm KEIJI
年　　　　　2003

Arianna
【アリアンナ［メイクルーザ］】

ソフトなアプリコットピンクの花色。アプリコット系の花色ではパイオニア品種であり、息の長い人気を保つ。半剣弁高芯咲きで花弁の枚数は多くなく、開花は早めだが整った花形で咲ききる。

花の大きさ　小 _____▼_ 大
花の香り　　弱 ▼_____ 強
作 出 国　　フランス
作　　出　　Meilland
　　　　　　（京成バラ園芸）
年　　　　　1985［日本］

9月撮影

Aruce⁺

【アルーチェ⁺】

つぼみは細長く、全体もスリムな剣弁高芯咲き。花色は外側は濃いピンク、中心はアプリコットと華やかな色合い。花弁は堅く、厚みがある。非常に花色が'アーリエス⁺'と似ているが、花形がよりスマートで巻きも多く、葉の色や質感は異なる。トゲがあまりない。

2月撮影

花の大きさ　小＿＿＿＿▼＿大
花の香り　　弱＿▼＿＿＿＿強
作 出 国　　オランダ
作　　出　　LEX⁺
　　　　　　（國枝バラ園）
年　　　　　2013[日本]

Alnoor Blanc

【アルヌワ・ブラン】

つぼみはまん丸で、花の外側はグリーンが強く、中へいくほど白さが増す。中心の花弁の先は淡いピンク色。グリーンやピンクの色の濃淡は個体差が大きい。花弁が厚く、枚数も多くて咲きはゆるやか。トゲはほとんどなく、日持ちは良い。

花の大きさ　小＿＿＿＿▼＿大
花の香り　　なし
作 出 国　　日本
作　　出　　今井ナーセリー
年　　　　　2011

12月撮影

Alnwick Castle
【アルンウィック・キャッスル】

丸いフォルムの小さなつぼみから、ドラマチックに開くロゼット咲き。花弁の裏は青みがかった薄いピンク、表はクリーム色。香りがとても強い。ガーデンローズでは'ジ・アレンウィック・ローズ'で流通している。

4月撮影

スタンダード
花の大きさ 小 ▼ 大
花の香り 弱 ▼ 強
作 出 国 イギリス
作　　出 David Austin
　年 2001

Ingénue
【アンジェニュー】

淡いサーモンピンクのグラデーションのカップ咲き。一番外側の花弁はグリーンがかっている。咲きはゆるやかで、満開になっても花形が崩れない。

スタンダード
花の大きさ 小 ▼ 大
花の香り なし
作 出 国 日本
作　　出 今井ナーセリー
　年 2010

5月撮影

Angela

【アンジェラ】

巨大輪で、白い花弁に太めの鮮やかなピンクで縁取られている。花弁は大きく巻きも多く、開花はゆっくり。トゲがとても少ない。

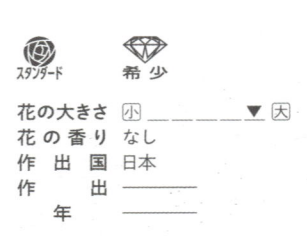

11月撮影

スタンダード　希少
花の大きさ　小 ＿＿＿＿▼＿大
花の香り　　なし
作 出 国　　日本
作　　出　　―――
年　　　　　―――

Angélique Romantica

【アンジェリーク ロマンティカ】

淡いオレンジがかったピンクの大輪ロゼット咲き。香りが非常に良い。花弁は肉厚で、日持ちも良い。季節によっては黄みを帯びたクリーム色になることも。

スタンダード
花の大きさ　小 ＿＿＿＿▼＿大
花の香り　　弱 ＿＿＿＿▼＿強
作 出 国　　フランス
作　　出　　Meilland
　　　　　　（京成バラ園芸）
年　　　　　2006［日本］

7月撮影

Ange qui rêve

【アンジュ・キ・レーヴ】

名前はフランス語で「夢見る天使」の意味。クリーム系の透明感のある淡いピンクで、中心に向かうほど発色が濃くなるピンクのグラデーションのカップ咲き。やや強めの甘い香り。高温期はややサーモン色を帯びる。

5月撮影

スタンダード　希少
花の大きさ　小 ___▼___ 大
花の香り　弱 ___▼___ 強
作 出 国　日本
作　　出　エトル・ファシネ
年　　　　2012

Antique Bouquet

【アンティーク ブーケ】

ラベンダーがかった落ち着いた花色が特徴的なスプレーバラ。ボリューム感のある花。外弁にはグリーンが入るため、ややくすみのある色みが品種名を連想させる。花弁はフリルが入り、大きく開かない半剣弁抱え咲き。日持ちがとても良い。

スプレー
花の大きさ　小 ___▼___ 大
花の香り　弱 ▼_____ 強
作 出 国　オランダ
作　　出　De Ruiter
　　　　　（京成バラ園芸）
年　　　　2003 [日本]

6月撮影

Ambitious

【アンビシャス】

花弁にきらきらとした光沢のある鮮やかなピンク。ボリュームがある整った剣弁高芯咲きの花形。トゲが少ない。外弁にはグリーンの斑が入る。

6月撮影

スタンダード

花の大きさ　小 ＿＿＿＿▼＿ 大
花の香り　なし
作 出 国　オランダ
作　　出　De Ruiter
　　　　　（京成バラ園芸）
年　　　　2013 [日本]

Ambridge Rose

【アンブリッジ・ローズ】

アプリコットカラーのイングリッシュローズ。花の大きさはやや小ぶり。特につぼみのときは小さく、開花するとかなり大きくなる。甘い香りが強い。ブライダル等で根強い人気の品種。

スタンダード

花の大きさ　小 ＿＿＿＿▼＿ 大
花の香り　弱 ＿＿＿▼＿＿ 強
作 出 国　イギリス
作　　出　David Austin
年　　　　1990

5月撮影

72　上巻

Yves Clair

【イヴ・クレール】

外弁は白っぽくほんのりグリーンがかり、中心は薄いピンクの花色。'イブ ピアッチェ'の枝変わり品種で、つぼみのフォルムや咲き方などはよく似ている。クレールはフランス語で「透明感のある明るさ」という意味。

6月撮影

花の大きさ　小 ＿＿＿▼＿ 大
花の香り　　弱 ＿＿＿▼ 強
作 出 国　　日本
作　　出　　市川バラ園
　年　　　　2006

Yves Chanter Marie

【イヴ・シャンテマリー】

'イブ ピアッチェ'の枝変わり。濃厚な香りが印象的。外弁には少しグリーンが入るものの、かなり白く、中心へいくほど柔らかなピンクに。ふんわりと広がっていく。'イヴ・クレール'より淡い花色。

花の大きさ　小 ＿＿＿▼＿ 大
花の香り　　弱 ＿＿＿▼ 強
作 出 国　　日本
作　　出　　市川バラ園
　年　　　　2005

11月撮影

Yves Silva

【イヴ・シルバ】

'イブ ピアッチェ'の枝変わり品種。彩度の低い淡いピンクの花色はシルバーピンクやグレイッシュピンク。シャクヤクのように、つぼみから開花する姿は変化が大きくゴージャス。花芯が見えるほど開ききる。香りも強い。時折、花弁にピンクの斑が強く入る。

11月撮影

花の大きさ	小 ▼ 大
花の香り	弱 ▼ 強
作 出 国	日本
作 出	市川バラ園
年	1998

Yves Miora

【イヴ・ミオラ】

花弁はマットな質感の優しいピンク。'イブ ピアッチェ'の枝変わり。香りがとても強い。豪華に開く。

花の大きさ	小 ▼ 大
花の香り	弱 ▼ 強
作 出 国	日本
作 出	市川バラ園
年	1998

6月撮影

Yves Piaget

【イブ ピアッチェ】

当初はガーデンローズとして日本に広まった品種。ダマスクモダンの香りとシャクヤクのような咲き方から人気品種に。紫がかったピンクの花色でつぼみは丸く、咲き始めると乱れるように開いていく。

スタンダード

花の大きさ 小 ────▼─ 大
花の香り 弱 ─────▼ 強
作 出 国 フランス
作　　出 Meilland（京成バラ園芸）
年 1984

7月撮影

Ilse
【イルゼ】

淡いベージュピンクのスプレータイプ。中輪の半剣弁平咲きで、花付きが良くボリューム感がある。甘い香りがあり、トゲがほとんどない。

6月撮影

花の大きさ 小 ──▼── 大
花の香り 弱 ──▼── 強
作 出 国 オランダ
作 出 Interplant
（京成バラ園芸）
年 1999 [日本]

Iroha
【いろは】

花弁の質感と色はマットで、中心へいくほど淡いピンクになりグラデーションに。大輪のディープロゼット咲きで、つぼみからの変化が大きい。鋭いトゲがある。'友禅'の枝変わり品種。

花の大きさ 小 ──▼── 大
花の香り 弱 ─▼── 強
作 出 国 日本
作 出 Rose Farm KEIJI
年 2011

3月撮影

Inspiration
【インスピレーション】

波打ちながら開き、整った剣弁高芯咲きに。発色が鮮やかなピンク。葉がプラスチックのような質感で、花首は長い。外弁は完全に開ききらないため、整った花形を保ったまま長く楽しめる。

6月撮影

スタンダード
花の大きさ　小 ＿＿＿▼＿ 大
花の香り　なし
作 出 国　オランダ
作　　出　Olij Rozen
　　　　　（京成バラ園芸）
年　　　　2007［日本］

In Smile
【インスマイル】

外弁はグリーンがかったクリームで、咲いてくると優しいソフトピンクになる。香りがある。トゲは少なく、高温期はピンクがさらに薄くなることも。

スプレー
花の大きさ　小 ＿＿▼＿＿ 大
花の香り　弱 ＿＿▼＿＿ 強
作 出 国　日本
作　　出　メルヘンローズ
年　　　　2009

2月撮影

Viorietje

【ヴィオリーチェ】

花名はビオラと、作出した生産者の知人であるオランダ人女性の名前リーチェを合わせた造語。ベビーピンク花色のディープカップロゼット咲き。花弁は繊細で柔らかい。

4月撮影

花の大きさ 小 _____▼__ 大
花の香り 弱 ▼_____ 強
作 出 国 日本
作　　出 阿部馳夫
　　年　 2008

Wishing

【ウィッシング】

かなり淡く、透明感のある澄んだピンク。つぼみの頃から香りが漂うほど、香りがある。外弁がかなり大きく広がるロゼット咲き。咲きゆるやか。

花の大きさ 小 ____▼___ 大
花の香り 弱 _____▼_ 強
作 出 国 日本
作　　出 今井ナーセリー
　　年　 2009

7月撮影

Verger⁺
【ヴェルジュ⁺】

サーモンピンクで、透明感のある花弁は、光の印象で色の見え方が変わる。剣弁高芯咲きの巨大輪で日持ちは良い。葉は大きく濃いグリーンの照り葉。

スタンダード
花の大きさ　小 ────▼ 大
花の香り　　弱 ─▼──── 強
作出国　　　オランダ
作　出　　　LEX⁺（國枝バラ園）
　年　　　　2010［日本］

4月撮影

H3O
【H3O】

表の花色は透明感のあるピンク、花弁の裏側は白い。剣弁高芯咲きで、外弁はゆるやかに開いていく。日持ちが良い。

スタンダード
花の大きさ　小 ───▼─ 大
花の香り　　弱 ──▼── 強
作出国　　　オランダ
作　出　　　Terra Nigra（オランダウェブ）
　年

5月撮影

Ace Pink⁺
【エースピンク⁺】

ピンクが強めのサーモンピンクで、中心へいくほどオレンジがかる。巻きが多く、外弁は開くと反り返ってくるが、大きくは開かない。国内未発表品種で、主にアフリカなどで栽培されている。

スタンダード　希少
花の大きさ　小 ───▼─ 大
花の香り　　弱 ▼──── 強
作出国　　　オランダ
作　出　　　LEX⁺（國枝バラ園）
　年

12月撮影

Edelweiss!
【エーデルワイス！】

透明感のある白っぽいピンク。外弁にはグリーンが差す。剣弁高芯咲きで、花弁の巻きは多く、咲きはゆるやか。花弁はしっとりとした質感で光沢があり、繊細。トゲが少ない。

花の大きさ　小＿＿＿▼＿＿大
花の香り　なし
作出国　オランダ
作　出　Schreurs（メルヘンローズ）
年　　　2013［日本］

Esther
【エスタ】

シルバーピンクの整った剣弁高芯咲きの中輪。開花は早めで、高温期は花が小さくなる傾向がある。'エスキモー'（下巻）の枝変わり。

花の大きさ　小＿＿＿▼＿＿＿大
花の香り　弱＿＿▼＿＿＿強
作出国　ドイツ
作　出　Kordes（京成バラ園芸）
年　　　1997［日本］

Estreno
【エストレーノ】

コーラルピンクで透明感のある花弁。中心はロゼット状。以前は 'MPカップ' という名前で流通していた。品種名はスペイン語で「初演」という意味。

花の大きさ　小＿＿＿▼＿＿＿大
花の香り　弱＿＿▼＿＿＿強
作出国　日本
作　出　今井ナーセリー
年　　　2006

Eden Romantica

【エデン ロマンティカ】

つぼみではクリームを帯びたピンクで、開花するにつれて明るいサーモンピンクになる。半剣弁平咲きの中輪の花はボリューム感があり、つぼみのフォルムは丸い。スタンダードに仕立てられて出荷されることもある。

2月撮影

花の大きさ　小 ──▼── 大
花の香り　　弱 ─▼─── 強
作 出 国　フランス
作　　 出　Meilland（京成バラ園芸）
年　　　　2004 [日本]

N-Smoothie

【N-スムージー】

つぼみのときはクリーム色で、開いてくると淡いアプリコット系ピンクの丸弁ロゼット咲きに。満開になるとかなり花が大きくなる。大阪・なにわ花いちば限定N-Roseのひとつ。

花の大きさ　小 ───▼── 大
花の香り　　弱 ──▼─── 強
作 出 国　日本
作　　 出　メルヘンローズ
年　　　　2008

10月撮影

Emira

【エミーラ】

弁咲きから中までピンクのブラシで塗ったような個性的な花色の丸弁カップ咲き。裏弁は白く、カップの底も白い。小輪だが、開花するとボリューム感がある。花色の出方には個体差がある。トゲは少なめ。

スプレー

花の大きさ　小＿＿＿＿▼＿大
花の香り　なし
作　出　国　オランダ
作　　　出　De Ruiter
　　　　　　（京成バラ園芸）
年　　　　　2004［日本］

M-Un jour

【M-アンジュール】

ライラックピンクのスプレータイプ。花弁はフリル状になっているロゼット咲き。花が開いていく様子は軽やかさが感じられる。

スプレー

花の大きさ　小＿＿＿▼＿＿大
花の香り　弱＿＿▼＿＿＿強
作　出　国　日本
作　　　出　メルヘンローズ
年　　　　　2011

M-VintageCocktail

【M-ヴィンテージカクテル】

濃いピンクの中輪カップ咲きで、花弁の質感がしっとりした雰囲気のある花。側枝がとても長いのが特徴。

6月撮影

スプレー

花の大きさ　小 ___▼___ 大
花の香り　なし
作出国　日本
作出　メルヘンローズ
年　2007

M-VintageCoral

【M-ヴィンテージコーラル】

外弁の色はグリーンと濃いピンクのグラデーションが特徴的。中心の花色は淡いラベンダーピンク。丸弁カップ咲きでボリューム感のある花の大きさ。香りがとても良い。

4月撮影

スプレー

花の大きさ　小 ___▼___ 大
花の香り　弱 ___▼___ 強
作出国　日本
作出　メルヘンローズ
年　2006

M-VintageGelato

【M-ヴィンテージジェラート】

香りのある丸弁カップ咲き。写真は2輪だが一般的には3輪以上がほとんど。側枝が長くトゲが少ない。開花すると中心の花色が鮮やかなピンクになる。

4月撮影

スプレー

花の大きさ	小 ___▼___ 大
花の香り	弱 ___▼___ 強
作 出 国	日本
作　　出	メルヘンローズ
年	2006

M-VintageSilk

【M-ヴィンテージシルク】

花弁はベビーピンクでフリルが全体に強く入っている。小さなつぼみの段階でもフリルが入っているため、開く過程での変化が大きく長く楽しめる。外弁にほんのりグリーンがかる。全開すると平咲きに。

スプレー

花の大きさ	小 ▼_____ 大
花の香り	弱 ___▼___ 強
作 出 国	日本
作　　出	メルヘンローズ
年	2005

5月撮影

M-VintageSweets

【M-ヴィンテージスイーツ】

丸いつぼみがふんわりと広がり、カップは浅いがかなり大きくなる丸弁カップ咲き。外弁にはグリーンが差す。花弁は柔らかく繊細で、甘い香りがある。鋭いトゲがある。

4月撮影

スプレー
花の大きさ 小 ───▼─── 大
花の香り 弱 ───▼─── 強
作 出 国　日本
作　　出　メルヘンローズ
　　年　　2006

M-VintageDolce

【M-ヴィンテージドルチェ】

とても香りが良い大きめの中輪スプレー。透明感のある桜色に、花形は丸弁カップ咲き。外弁にはややグリーンが差す。細かなトゲがある。

スプレー
花の大きさ 小 ───▼─── 大
花の香り 弱 ───▼─── 強
作 出 国　日本
作　　出　メルヘンローズ
　　年　　2007

5月撮影

M-VintagePearl
【M-ヴィンテージパール】

透明感のあるベビーピンクで、小さな花弁の小輪。つぼみから1枚ずつゆっくり咲いていく。香りが良い。

スプレー

花の大きさ	小 ──▼──── 大
花の香り	弱 ───▼─── 強
作出国	日本
作出	メルヘンローズ
年	2005

4月撮影

M-VintagePink
【M-ヴィンテージピンク】

淡いピンクの丸弁ロゼット咲きのスプレータイプ。中心はややアプリコットピンク。咲きはゆるやかで変化が楽しめる。日持ちも良い。花、枝とともにボリューム感がある。

スプレー

花の大きさ	小 ──▼──── 大
花の香り	弱 ──▼──── 強
作出国	日本
作出	メルヘンローズ
年	2005

6月撮影

M-VintageFoulard
【M-ヴィンテージフラール】

あたたかみのあるソフトピンクの大輪のスプレータイプ。やや花弁が反り返り、ふんわりと開くカップ咲き。大きく開花すると外弁が水平に大きく広がり、ボリュームが増す。とても香りが良い。

スプレー

花の大きさ	小 ───▼─── 大
花の香り	弱 ──▼──── 強
作出国	日本
作出	メルヘンローズ
年	2009

6月撮影

M-VintageRose

【M-ヴィンテージロゼ】

華やかな濃いピンクの丸弁カップ咲き。つぼみのほうが深い花色をしている。花弁は繊細で透明感があり、つぼみでもきれいに開花し花形は乱れない。わずかだが香りがある。

スプレー

花の大きさ	小 ────▼──── 大	
花の香り	弱 ▼──────── 強	
作 出 国	日本	
作　　出	メルヘンローズ	
年	2005	

4月撮影

M-WeddingBox

【M-ウェディングボックス】

透明感のある淡いピンク。咲き始めは高芯咲きのような佇まい。咲き進むとロゼット咲きに。香りがとても強い。

スタンダード

花の大きさ	小 ──────▼── 大	
花の香り	弱 ────────▼ 強	
作 出 国	日本	
作　　出	メルヘンローズ	
年	2007	

5月撮影

M-CountryGirl

【M-カントリーガール】

丸弁カップ咲き。薄いピンクで、外弁の裏に赤が差し、つぼみのときは独特な雰囲気に。ほのかに香りがある。

スプレー

花の大きさ	小 ────▼──── 大	
花の香り	弱 ▼──────── 強	
作 出 国	日本	
作　　出	メルヘンローズ	
年	2009	

6月撮影

M-Granita
【M-グラニータ】

クリームがかった淡いピンクのカップ咲き。つぼみは卵のようなフォルムで、開花すると花は大きくなる。ふんわりと外側からゆっくり開いてくる。

花の大きさ 小 ──▼── 大
花の香り 弱 ▼──── 強
作出国   日本
作　出   メルヘンローズ
年   2011

M-ChiffonVeil
【M-シフォンベール】

くすみのある淡いサーモンピンクの花色は、中心へいくほど薄くなる。花弁にはフリルが入り、開くと花全体に動きが出てくる。

花の大きさ 小 ──▼── 大
花の香り 弱 ──▼── 強
作出国   日本
作　出   メルヘンローズ
年   2012

M-TeaParty

【M-ティーパーティ】

ライトピンクの花弁は光沢がある。外弁は細かなフリルが入る丸形カップ咲き。中心はクリームがかり、花芯が見える。咲きはゆるやかで、全開してからの日持ちがとても良い。

- 花の大きさ 小 ——▼—— 大
- 花の香り 弱 —▼———— 強
- 作 出 国 日本
- 作　　出 メルヘンローズ
- 　年 2012

6月撮影

M-NostalgicRomance

【M-ノスタルジックロマンス】

透明感のある淡いピンクに、繊細な花弁のカップ咲き。ゆるやかにゆったりと開花する。外弁は少しだけ反り返るが、花形は崩れない。

- 花の大きさ 小 ——▼—— 大
- 花の香り 弱 —▼———— 強
- 作 出 国 日本
- 作　　出 メルヘンローズ
- 　年 2006

6月撮影

M-PinkMoon

【M-ピンクムーン】

淡いピンクのカップ咲き。花は中輪でボリュームがある。花弁の枚数は多く、しべが見えるほど開いてからの日持ちが良い。花首から少しだけ小さく柔らかなトゲがあるが、それ以外はほとんどない。

- 花の大きさ 小 —▼——— 大
- 花の香り 弱 —▼———— 強
- 作 出 国 日本
- 作　　出 メルヘンローズ
- 　年 2011

10月撮影

M-Flamingo
【M-フラミンゴ】

フラミンゴの羽根のような色のスプレータイプ。丸弁ロゼット咲きだが、外弁もたっぷりとある。フラミンゴの羽の色が季節で変わるように、季節によってピンクの濃淡が変わる。トゲがほとんどない。

5月撮影

スプレー
花の大きさ 小 ___▼___ 大
花の香り 弱 __▼__ 強
作出国 日本
作 出 メルヘンローズ
年 2012

M-FlowerBox
【M-フラワーボックス】

透明感のある華やかなピンクの花は、咲き始めは半剣弁高芯咲きで、開花が進むとロゼット咲きになり変化がダイナミック。強い香りがある。トゲは鋭い。

スタンダード
花の大きさ 小 ___▼__ 大
花の香り 弱 ____▼ 強
作出国 日本
作 出 メルヘンローズ
年 2005

5月撮影

M-Prometida

【M-プロメティーダ】

外弁にはライトグリーンが入り、中心へいくほど透明感のあるピンクが濃くなる。半剣弁カップ咲き。香りがとても良い。

5月撮影

花の大きさ　小 ▼ 大
花の香り　弱 ▼ 強
作出国　日本
作　出　メルヘンローズ
　年　　2013

M-Pommier

【M-ポミエ】

透明感のあるピンクのカップ咲き。つぼみはラナンキュラスのようにぽってりと丸く、開花とともに花色が薄くなっていく。香りが良い。

花の大きさ　小 ▼ 大
花の香り　弱 ▼ 強
作出国　日本
作　出　メルヘンローズ
　年　　2012

10月撮影

M-MagicPhrase

【M-マジックフレーズ】

くすみのある紫ピンクで花弁には光沢がある。開いてくると色は薄くなり、外弁は大きく広がる。ロゼット咲き。全開すると中心のグリーンのしべが見えてくる。トゲはほとんどない。わずかに香りがある。

5月撮影

スプレー
花の大きさ 小 __▼_____ 大
花の香り 弱▼_____ 強
作 出 国 日本
作   出 メルヘンローズ
　　年 2009

M-MarieAntoinette

【M-マリーアントワネット】

薄いピンク地に少し濃いピンクが弁先に差し、外弁にはグリーンが入る。花弁には細かなフリルが入り、丸みを帯びたつぼみは開花するとロゼット咲きに。つぼみの時点でとてもボリューム感がある。トゲが少ない。

スプレー
花の大きさ 小 ____▼____ 大
花の香り 弱_____▼ 強
作 出 国 日本
作   出 メルヘンローズ
　　年 2009

4月撮影

M-Minerva

【M-ミネルバ】

花弁は細かなフリルが入る薄いピンク。外側はグリーンが入り、弁先を濃いピンクが縁取っている。ボリューム感のあるつぼみは、ラナンキュラスのような丸みのあるフォルム。半剣弁ロゼット咲きになる。トゲが少ない。香りも良い。

5月撮影

スプレー
花の大きさ 小 ──▼── 大
花の香り 弱 ──▼── 強
作 出 国 日本
作　　出 メルヘンローズ
年 2011

M-Moon the Moon

【M-ムーンザムーン】

ミルキーな淡いピンクで、中心は薄いアプリコットピンク。外側にはグリーンが差している。つぼみは丸い形でゆっくりと丸く咲き始め、中央のしべが見えるほど開花する。花弁の枚数が多いため、開いてもぽってりした印象が続く。

スプレー
花の大きさ 小 ──▼── 大
花の香り 弱 ──▼── 強
作 出 国 日本
作　　出 メルヘンローズ
年 2009

10月撮影

Émotion profonde
【エモシオン・プロフォンド】

花名はフランス語で「深い感動」の意味。咲き始めは赤みが強いが、咲き進むにつれエキゾチックな紫がかった濃いピンク色に。外弁は剣弁になり、内弁もゆるやかに反り返るカップ咲き。花弁にはしっとりとした独特の質感がある。

9月撮影

スタンダード
花の大きさ 小 _____▼__ 大
花の香り 弱 ___▼____ 強
作 出 国 日本
作 出 今井ナーセリー
年 2010

Elza
【エルザ】

明るい華やかなピンクが、白地の花弁の上部に差す。花弁にはフリルが入った半剣弁高芯咲き。開いてからも日持ちが良い。独特の香りがある。

スプレー 生産者育種 希少
花の大きさ 小 __▼____ 大
花の香り 弱 ___▼___ 強
作 出 国 日本
作 出 興里農場
年 2014

4月撮影

Elegant Queen

【エレガントクィーン】

ほんのりアプリコット系ピンクがかった色のスプレータイプ。花弁にはフリルが少し入る、丸弁カップ咲き。丸いフォルムが特徴。

花の大きさ 小 ▼ 大
花の香り なし
作出国 日本
作出 杉浦幹泰
年 2008

Elegant Dress

【エレガントドレス】

透明感のある淡いピンク。外弁には少しグリーンが差す。丸弁カップ咲きで、つぼみも丸いフォルム。開花とともに花色は淡くなっていく。

花の大きさ 小 ▼ 大
花の香り なし
作出国 日本
作出 今井ナーセリー
年 2011

Angel's Love
【エンジェルズラブ】

外側から中心へ、淡いグリーン、クリーム、淡いピンクと優しいグラデーションの花色。半剣弁高芯咲きで巻きが多いため、ボリューム感がある。トゲが多い品種ではないが、葉の裏に小さなトゲがある。

4月撮影

花の大きさ 小 ▼ 大
花の香り 弱 ▼ 強
作 出 国 日本
作　　出 今井ナーセリー
年 2010

Open Heart
【オープンハート】

つぼみのときは一般的な剣弁高芯咲きのように見えるが、開花すると中心がハートのような咲き方に。品種名もその特徴から付けられている。花弁が薄くて、透明感のあるピンクの花色。

花の大きさ 小 ▼ 大
花の香り なし
作 出 国 日本
作　　出 やぎバラ園
年 2011

4月撮影

Old Fantasy

【オールドファンタジー】

優しいソフトピンクの丸弁カップ咲き。ふんわりと開いていく。花色には濃淡の個体差がよく見られる。'スプレーウィット'（下巻）の枝変わり品種。

2月撮影

花の大きさ　小 ▼ 大
花の香り　なし
作出国　日本
作　出　メルヘンローズ
年　　　2000

Old Romance

【オールドロマンス】

丸いつぼみから、あふれるように開く豪華なシャクヤク咲き。透明感のある華やかなピンクの花色で、外弁にはややグリーンが入る。乱れるように咲くことも。'ロマンティックエンジェル'の枝変わり品種。

花の大きさ　小 ▼ 大
花の香り　弱 ▼ 強
作出国　日本
作　出　今井ナーセリー
年　　　2004

11月撮影

All 4 Kiss⁺

【オール4キス⁺】

オール4シリーズのひとつ。しっかりとした厚みのある花弁にはフリルが入り、花弁は詰まり、中心にはグリーンのしべがあるが個体によっては小さく目立たないこともある。水彩絵の具で塗ったようなコーラルピンクだが、色の濃淡の個体差がある。

スタンダード

花の大きさ 小 ＿＿＿▼＿ 大
花の香り 弱 ＿＿＿▼＿ 強
作出国　オランダ
作　出　LEX⁺（國枝バラ園）
年　　　2013［日本］

4月撮影

All 4 Heart⁺

【オール4ハート⁺】

'オール4ラブ⁺'の枝変わり品種。巨大輪の丸弁ロゼット咲き。花径が大きいため、存在感が抜群。花弁はカサカサした質感で、淡い桜色。外弁には少しグリーンが入る。開く様子はシャクヤクに似る。

2月撮影

- 花の大きさ 小 ▼ 大
- 花の香り 弱 ▼ 強
- 作 出 国 オランダ
- 作 出 LEX⁺（國枝バラ園）
- 年 2012［日本］

All 4 Love⁺

【オール4ラブ⁺】

花弁の巻きがとても多い巨大輪のカップ咲き。外弁は紫がかった濃いピンクだが、中心に向かうにつれ色は薄くなる。

3月撮影

- 花の大きさ 小 ▼ 大
- 花の香り 弱 ▼ 強
- 作 出 国 オランダ
- 作 出 LEX⁺（國枝バラ園）
- 年 2011［日本］

O'hara
【オハラ［オーハラ］】

香りの良いロゼット咲き。最初は深さのあるカップが、開花とともに平咲きになっていく。'オーハラ'や'ピンクオーハラ'の名で流通することも。国内でも生産されているが、輸入品も流通している。

5月撮影

スタンダード

花の大きさ　小 ▬▬▬▬▼▬ 大
花の香り　　弱 ▬▬▬▬▬▼ 強
作 出 国　　フランス
作　　出　　Delbard
　　　　　　（河本バラ園）
年　　　　　2007［日本］

Orphique
【オルフィーク】

名前はフランス語で美術用語の語源にもなっている「うっとりするような」の意味。クリーミーなヌーディーピンクの波状弁ロゼット咲き。ミルラ香が強く香る。低温期のつぼみはややベージュ色が強まるが、全開すると通年変わらぬ透明感のある花色に。

スタンダード　希少

花の大きさ　小 ▬▬▬▬▼▬ 大
花の香り　　弱 ▬▬▬▬▼▬ 強
作 出 国　　日本
作　　出　　エトル・ファシネ
年　　　　　2011

5月撮影

Kaorikazari

【かおりかざり】

優しいアプリコットカラーのロゼット咲き。外弁は大きく広がる。「香りを飾る」というコンセプトのもと育種された品種で、名前のようにとても香り高い。

3月撮影

花の大きさ　小 _____▼__ 大
花の香り　　弱 _____▼__ 強
作 出 国　　日本
作　　出　　Rose Farm KEIJI
年　　　　　2010

Kanata

【かなた】

フリルとクリーム色の斑が入った花弁は大きく波打ち、咲いていく様はまるでシクラメンやチューリップのパロット咲きに似ている。花弁の枚数は少ないので開花は早めだが、花弁がしっかりとしているため日持ちは良い。

花の大きさ　小 __▼_____ 大
花の香り　　弱 ▼_____ 強
作 出 国　　日本
作　　出　　Rose Farm KEIJI
年　　　　　2013

11月撮影

Karina!

【カリナ！】

サーモンピンクの大輪。花弁の枚数が多くボリューム感がある。海外では'アンナ カリナ！'の名称で流通している。

7月撮影

スタンダード

花の大きさ　小 ＿＿＿▼＿ 大
花の香り　　弱 ＿▼＿＿＿ 強
作 出 国　　オランダ
作　　出　　Schreurs
　　　　　　（メルヘンローズ）
　年　　　　2013［日本］

Karen

【かれん】

可憐に咲く姿から名付けられた。やや黄みのある淡いピンクで香りが良い。花弁は堅く、波打ち、枚数はやや少なめ。花芯が見えるまで開花し、日持ちもする。関西圏を中心に流通している。

スタンダード　生産者育種　希少

花の大きさ　小 ＿＿＿▼＿ 大
花の香り　　弱 ＿＿＿＿▼ 強
作 出 国　　日本
作　　出　　岡松ローズ
　年　　　　2012

11月撮影

Cantabile
【カンタービレ】

鮮やかなピンクの小輪。フリルが入った花弁は剣弁高芯咲きで、ふわっと咲いてくる。咲いてから形はあまり乱れない。トゲが少ない。

3月撮影

スプレー

花の大きさ　小 ▼ 大
花の香り　　弱 ▼ 強
作 出 国　オランダ
作　　出　Interplant
　　　　　（京成バラ園芸）
年　　　　2008［日本］

Cantina
【カンティーナ】

赤みが強い鮮やかなピンクの大輪。花弁は大きくカップも深い、半剣弁ロゼット咲き。香りがとても強い。

スタンダード　生産者育種　希少

花の大きさ　小 ▼ 大
花の香り　　弱 ▼ 強
作 出 国　日本
作　　出　やぎバラ園
年　　　　2011

5月撮影

Keano
【キアノ】

青みがかったくすんだピンク。剣弁高芯咲き。とても香りが良い。花弁は堅く日持ちは良い。

7月撮影

スタンダード
花の大きさ 小 ___▼___ 大
花の香り 弱 ___▼___ 強
作 出 国　オランダ
作　　出　De Ruiter
　　　　　（京成バラ園芸）
年　　　　2007 [日本]

Keira
【キーラ】

イングリッシュローズの切り花品種の中で、ガーデンで摘んできたような爽やかな佇まい。クリーム色と明るいピンク色が混じりあう花色は、色幅の個体差が大きくピンクが強くなることも。外弁が軽く波打つロゼット咲き。ミルラ香。

スタンダード　希少
花の大きさ 小 ___▼___ 大
花の香り 弱 ___▼___ 強
作 出 国　イギリス
作　　出　David Austin
年　　　　2012 [日本]

10月撮影

【KIZUNA】

Kizuna

クォーターロゼット咲きの中輪タイプのスプレー。花色はアプリコットピンク。カップが深いためボリューム感がある。香しい香りもあり。東日本大震災のために、フランス・リヨンのフランス・オールド・ローズ協会から日本へのサポートのために選抜され、栽培されている品種。切りバラの流通は東京の世田谷花きが発信している。この品種の売り上げの一部が被災地支援のための寄付になる。

スプレー　希少

花の大きさ　小 _____▼__ 大
花の香り　　弱 _____▼____ 強
作 出 国　　フランス
作　　出　　Dominique Masad
　　　　　　（NPO法人 日仏チャリティーローズ絆）
年　　　　　2012［日本］

6月撮影

Candy Avalanche⁺

【キャンディアヴァランチェ⁺】

花弁の先が鮮やかなピンク色で、中心へ向かうほど白くなる。そのグラデーションが美しい品種。'ソルベットアヴァランチェ⁺'の枝変わり。花はとても大きく、花弁の枚数も多い。

9月撮影

花の大きさ　小＿＿＿＿＿▼　大
花の香り　なし
作 出 国　オランダ
作　　出　LEX⁺（國枝バラ園）
　年　　　2013［日本］

Kumar

【クマール】

丸い花形のカップ咲き。花色は季節によって異なる。撮影時は5月で薄いアプリコットピンク、外弁にグリーンが差しているが、高温期は色がよりピンクになる。トゲが少ない。

スプレー　希少

花の大きさ　小＿▼＿＿＿大
花の香り　弱▼＿＿＿強
作 出 国　日本
作　　出　今井ナーセリー
　年　　　―――

5月撮影

Cream Exciting

【クリーム エキサイティング】

クリーム色の花弁に、ピンクをエアブラシで吹き付けたような珍しい花色。ピンクの濃淡や色の入り方に個体差がある。剣弁高芯咲きだが、花弁の枚数は少なく、繊細。香りが良い。

10月撮影

スタンダード

花の大きさ	小 ──────▼── 大
花の香り	弱 ─────▼─ 強
作 出 国	フランス
作　　出	Meilland（京成バラ園芸）
年	2005［日本］

Clione

【クリオネ】

つぼみが卵形で、開花するとボリューム感のある半剣弁高芯咲きになる。花色は淡いピンクで中心に向って白くぼかしが入る。花弁の裏側に少し濃い紫ピンクの覆輪が入る。

スタンダード　希少

花の大きさ	小 ─────▼── 大
花の香り	弱 ─────▼─ 強
作 出 国	日本
作　　出	河本バラ園
年	1998

7月撮影

Cristian

【クリスチャン】

光沢のある鮮やかなフューシャピンクの花色。丸弁の花弁が、大きく開花し、ボリューム感が出る。1990年代から栽培されている品種。現在の生産量は多くない。

11月撮影

スプレー　希少

花の大きさ　小 ___▼___ 大
花の香り　　弱 ▼_____ 強
作 出 国　オランダ
作　　出　Interplant
　　　　　（京成バラ園芸）
　年　　　1994 [日本]

Crea

【クレア】

シルバーピンクの花色は、可愛らしい色だが落ち着いた雰囲気。つぼみも丸く、オールドローズを想起させるカップ咲き。花は中輪サイズ。ほのかに甘いミルラ香。

スタンダード

花の大きさ　小 ___▼___ 大
花の香り　　弱 ___▼__ 強
作 出 国　日本
作　　出　今井ナーセリー
　年　　　2006

7月撮影

Glorious Ilse

【グロリアス イルゼ】

'イルゼ'の枝変わり。中心はアプリコットピンクで、外側へいくほどクリームからグリーンへ。花付きが良くボリューム感がある。剣弁高芯咲き。

5月撮影

スプレー

花の大きさ　小 ___▼____ 大
花 の 香 り　弱 ___▼____ 強
作 出 国　オランダ
作　　出　Interplant
　　　　　（京成バラ園芸）
年　　　　2005 [日本]

Kate

【ケイト】

つぼみはダークピンクだが、開花すると色が鮮やかに。花は開くとかなり大きくなる。フリルが波打つロゼット咲き。フルーティ香の良い香りがある。花弁は厚く、トゲが少なく扱いやすい。

スタンダード　希少

花の大きさ　小 _____▼ 大
花 の 香 り　弱 ___▼__ 強
作 出 国　イギリス
作　　出　David Austin
年　　　　2012 [日本]

10月撮影

Coral Heart

【コーラル ハート】

外弁がコーラルピンクで、中心は淡いアプリコットピンク。季節により花の大きさは変わる。外弁は星のように中央から尖って広がっていく、半剣弁抱え咲き。開きはゆるやかで、日持ちもとても良い。

5月撮影

スタンダード

花の大きさ 小 ▼ 大
花の香り 弱 ▼ 強
作 出 国 オランダ
作 出 De Ruiter
（京成バラ園芸）
年 2012［日本］

Cocotte

【ココット】

華やかなピンク。ボリューム感のある花で、花付きも良い。'プリシラ'という品種の枝変わり。

スプレー

花の大きさ 小 ▼ 大
花の香り 弱 ▼ 強
作 出 国 日本
作 出 アジアンローゼス
年 2006

6月撮影

Godfather

【ゴッドファーザー】

品種名の由来は映画の『ゴッドファーザー』から。映画の中のマフィアがバラを愛したため、名付けられた。花弁の表はクリームピンク、裏は赤みのあるピンク。カップの深い独特の花形。関西圏を中心に流通している。

11月撮影

スタンダード　生産者育種　希少

花の大きさ	小 ▼ 大
花の香り	弱 ▼ 強
作出国	日本
作出	岡松ローズ
年	2011

Koharu

【小春】

淡いピンクのロゼット咲き。外弁がはらはらと開き、全開まではわりと早いが、開花してからの日持ちが良い。花弁の質感はロウのようにしっとりとしてる。外弁の縁にはブラウン、弁脈にはグリーンが入る。縁には細かなフリルが入る。'友禅'の枝変わり。

スタンダード　生産者育種　希少

花の大きさ	小 ▼ 大
花の香り	弱 ▼ 強
作出国	日本
作出	Rose Farm KEIJI
年	2012

3月撮影

coronet

【コロネット】

淡いベビーピンクで、外弁の先端にはグリーンがほんのり差す。丸みを帯びた半剣弁平咲き。香りはごくわずかだがある。トゲがとても少ない。

スプレー　希少

花の大きさ　小 ▼＿＿＿＿大
花の香り　　弱 ▼＿＿＿＿強
作出国　　　――――
作　出　　　――――
　年　　　　――――

5月撮影

Sakura

【桜】

極小輪のスプレータイプ。桜色で、外弁にはグリーンが入る。咲き進むほど、中心のピンクの色が濃くなる。花弁の形は細長く、名前の通り桜のような形でヒラヒラと開花していく。

スプレー　生産者育種　希少

花の大きさ　小 ▼＿＿＿＿大
花の香り　　なし
作出国　　　日本
作　出　　　森谷バラ園
　年　　　　2000

12月撮影

Sakurazaka

【さくら坂】

桜色のスプレータイプ。'ブライダルスプレー'の枝変わり品種。ゆっくりと外弁が膨らみたおやかに開いていく。強くはないが甘い香りがある。

スプレー

花の大きさ　小 ＿＿▼＿＿大
花の香り　　弱 ＿＿▼＿＿強
作出国　　　日本
作　出　　　今井ナーセリー
　年　　　　2004

1月撮影

Sazanami

【さざ波】

幾重にも重なった花弁にはフリルが強く入る波状弁カップ咲き。青みがかったピンクで、花弁には透明感がある。トゲがほとんどない。関西圏を中心に流通している。

11月撮影

スタンダード　生産者育種　希少

花の大きさ　小 ──▼── 大
花の香り　　弱 ──▼── 強
作 出 国　　日本
作　　出　　岡松ローズ
年　　　　　2012

The Teresa

【ザ テレサ】

'サフィーア'の枝変わり品種。鮮やかな濃いピンクの代表的な品種で、整った剣弁高芯咲き。葉が照り葉である。

スタンダード

花の大きさ　小 ────▼ 大
花の香り　　弱 ▼──── 強
作 出 国　　日本
作　　出　　大井武
　　　　　　（京成バラ園芸）
年　　　　　1998

2月撮影

Saphir

【サフィーア】

サーモンピンクの剣弁高芯咲き。ピンク系の定番として、長く流通している。つぼみから開花していく花弁の動きも美しい。'ザ テレサ'、'ニューブライダル' はこの品種の枝変わり。

スタンダード

花の大きさ 小 ___▼___ 大
花の香り 弱 _____▼ 強
作出国 ドイツ
作　出 Tantau
　　　 （京成バラ園芸）
年　　 1993 [日本]

2月撮影

Salinero

【サリネロ】

薄いピンクにややクリームが入ったスプレータイプ。半剣弁高芯咲きでボリューム感がある中輪サイズ。日持ちが良い。

スプレー

花の大きさ 小 ___▼___ 大
花の香り 弱 ___▼___ 強
作出国 オランダ
作　出 Interplant
　　　 （京成バラ園芸）
年　　 2005 [日本]

7月撮影

Salut d' amour

【サリュー・ド・アムール［トワユニークカップ］】

クリームがかった淡いアプリコットピンクの丸弁クォーター咲き。作出当初は'トワユニークカップ'、その後'ペオニーピンク'と呼ばれ、現在の名はフランス語で「愛の挨拶」という作曲家エドワード・エルガーが妻へ捧げた曲名から。

5月撮影

スタンダード
花の大きさ 小 ▼ 大
花の香り 弱 ▼ 強
作 出 国 日本
作 出 今井ナーセリー
年 2006

Santiago

【サンティアゴ】

明るく、ややオレンジがかったピンクのスプレータイプ。剣弁高芯咲き。花付きは良く、全開すると花もかなり大きくなり日持ちも良い。

スプレー
花の大きさ 小 ▼ 大
花の香り 弱 ▼ 強
作 出 国 オランダ
作 出 Interplant
　　　（京成バラ園芸）
年 2004［日本］

2月撮影

Sans Toi Ma Mie!

【サントワマミー！】

'パリ！'の枝変わり品種。花付きが良い。白に近いようなクリーム地が淡いピンクで縁取られている。花弁数は'パリ！'よりも少なく、花の大きさも小さい。

2月撮影

スプレー

花の大きさ 小 __▼_____ 大
花の香り 弱 ▼_____ 強
作 出 国 オランダ
作　　出 Schreurs
　　　　（メルヘンローズ）
　　年　 2002［日本］

Gino Pink

【ジーノピンク】

落ち着いたソフトピンクでフリルの入る花弁には艶がある。'ジーノ'（下巻）の枝変わりで、花芯が見えるまで開花する。日持ちが良い。トゲがほとんどない。

スプレー　生産者限　希少

花の大きさ 小 ___▼____ 大
花の香り 弱 ▼_____ 強
作 出 国 日本
作　　出 市川バラ園
　　年　 2001

11月撮影

J-Amabile
【J-アマービレ】

イタリア語で「愛らしい」という意味の花名。優しいアプリコットの小輪。つぼみは小さく、咲き始めるとフリルがかったカップ咲きに。開花すると中心はオレンジ色が濃くなる。

9月撮影

スプレー　希少
花の大きさ　小 ▼　　　　大
花の香り　なし
作出国　日本
作出　メルヘンローズ
　　　（大田花き）
年　2008

J-Wink
【J-ウインク】

鮮やかなピンクだが、裏は白く、つぼみから満開に至るまではそのコントラストが美しい。花弁の中心が尖っており、つぼみでもそのギザギザした感じが印象的。開くとふんわりとした表情になる。

スプレー　希少
花の大きさ　小 ▼　　　　大
花の香り　なし
作出国　日本
作出　メルヘンローズ
　　　（大田花き）
年　2003

9月撮影

J-Queen Marshmallow

【J-クィーンマシュマロ】

花弁はライラックがかったペールピンクで咲き進むとフリルが強く入る。季節により色の幅がある。

🌸 スプレー　💎 希少

花の大きさ　小 __▼____ 大
花の香り　なし
作出国　日本
作　出　メルヘンローズ（大田花き）
作出年　2012

9月撮影

J-Tiara

【J-ティアラ】

発色の良いフューシャピンクの花弁には光沢がある。花弁の枚数は少ないが大きめでボリューム感がある。つぼみも大きい。開花しても色あせない。

🌸 スプレー　💎 希少

花の大きさ　小 __▼____ 大
花の香り　弱 ▼____ 強
作出国　日本
作　出　メルヘンローズ（大田花き）
作出年　2012

9月撮影

J-Haruka

【J-はるか】

丸弁の花弁は、外側が濃いピンク、中心へいくほど淡いピンクとなるグラデーション。香りがとても良い。カップ咲きでややフリルが入る。

🌸 スプレー　💎 希少

花の大きさ　小 __▼____ 大
花の香り　弱 ____▼ 強
作出国　日本
作　出　メルヘンローズ（大田花き）
作出年　2013

9月撮影

J-PB Ruby

【J-PBルビー】

花の大きさはやや小ぶりな大輪。名前の通り、ルビー色の花弁の表面には光沢があり、裏面はやや白っぽい。開いてくるにつれ花色が鮮やかになる。香りが良い。

スタンダード　希少

花の大きさ　小 _____▼__ 大
花の香り　　弱 _____▼___ 強
作 出 国　　日本
作　　出　　メルヘンローズ（大田花き）
　年　　　　2013

9月撮影

J-Piccolo

【J-ピッコロ】

イタリア語で「小さい」を意味する品種名。淡いアプリコット系ピンクで、花弁の先端、外弁にはグリーンが入る。つぼみは丸く、ゆるやかに大きくなる。開花すると外弁は反り返る。

スプレー　希少

花の大きさ　小 _____▼___ 大
花の香り　　なし
作 出 国　　日本
作　　出　　メルヘンローズ（大田花き）
　年　　　　2004

9月撮影

J-Pure Wink

【J-ピュアウインク】

花色はソフトピンク、つぼみは丸みを帯びて小さめ。開花するときは、外弁が一斉に開き始める。小輪サイズの花だが、外弁は大きく広がる。濃い赤が斑のように差すこともある。

スプレー　希少

花の大きさ　小 ___▼_____ 大
花の香り　　なし
作 出 国　　日本
作　　出　　メルヘンローズ（大田花き）
　年　　　　2010

9月撮影

J-Pink Marshmallow
【J-ピンクマシュマロ】

薄い桜色に少しクリームがかった花色。花の大きさは小輪タイプで、花弁にはフリルが入る。ふわふわした印象があるが、花弁はしっかりとし日持ちが良い。

スプレー　希少
花の大きさ　小 ___▼_____ 大
花の香り　なし
作出国　日本
作　出　メルヘンローズ（大田花き）
作出年　2010

9月撮影

J-Fairy Cheek
【J-フェアリーチーク】

淡いピンクの半剣弁平咲き。季節によっては、外弁にグリーンが入ることもある。つぼみの形は卵形。開花はゆるやか。

スタンダード　希少
花の大きさ　小 ___▼_____ 大
花の香り　なし
作出国　日本
作　出　メルヘンローズ（大田花き）
作出年　2010

9月撮影

J-Brit Marry
【J-ブリットマリー】

濃いピンクの半剣弁ロゼット咲き。花弁の枚数はあまり多くない。爽やかな微香。

スプレー　希少
花の大きさ　小 ___▼_____ 大
花の香り　弱 ___▼_____ 強
作出国　日本
作　出　メルヘンローズ（大田花き）
作出年　2011

9月撮影

Cherir

【シェリル】

名前はフランス語で「深く愛する」の意味。桜色を彷彿させる青みがかった透明感のある優しく淡いピンクのロゼット咲き。つぼみからゆっくり膨らむように咲き進み大きく咲ききる。花弁にはゆるいフリルが入り、香りは非常に強い。

9月撮影

スタンダード　希 少

花の大きさ　小　▼　大
花の香り　弱　▼　強
作出国　日本
作　出　今井ナーセリー
年　2008

Jerfaruray

【ジェルファルレイ】

1980年代から流通している品種。現在の生産量は少ない。透き通るような繊細な質感で、色は薄いピンク。半剣弁高芯咲き。弁数はあまり多くない。開花はやや早め。

スタンダード　希 少

花の大きさ　小　▼　大
花の香り　弱　▼　強
作出国　フランス
作　出　Meilland
　　　　（京成バラ園芸）
年　1985［日本］

11月撮影

Cisero
【シセロ】

つぼみのときの外弁のグリーンと中心のピンクのコントラストが印象的。花弁は堅く、日持ちが良い。開いてくるにつれピンクが濃くなってくる。開花しても花形は乱れないが、咲きがゆるやかなため全開しないことが多い。

3月撮影

スタンダード
花の大きさ 小 ＿＿▼＿＿ 大
花の香り 弱 ▼＿＿＿ 強
作出国 オランダ
作　出 Preesman
　　　（メルヘンローズ）
年 2003［日本］

Chiffon Dress
【シフォン ドレス】

'ストロベリーパフェ'の枝変わり。ほんのりと淡いピンクで、外弁には少しグリーンが入る。半剣弁ロゼット咲き。全開すると花がとても大きくゴージャスになる。花弁の質感は繊細で柔らかく、茎も細くしなやかな性質。かすかに香る。

スプレー
花の大きさ 小 ＿▼＿＿ 大
花の香り 弱 ▼＿＿＿ 強
作出国 オランダ
作　出 De Ruiter
　　　（京成バラ園芸）
年 2011［日本］

00月撮影

Gipsy Queen
【ジプシークィーン】

つぼみは透明感のある青みがかったピンクだが、開いてくると色が薄くなり、マットな淡いピンクへと変化する。半剣弁高芯咲き。香りが良い。

4月撮影

花の大きさ　小 ____▼__ 大
花の香り　　弱 ___▼___ 強
作 出 国　オランダ
作　　出　Terra Nigra
　　　　　（オランダウェブ）
年

Shakira
【シャキーラ】

鮮やかなビビッドピンク。正統派の剣弁高芯の花形でバラらしいフォルム。日持ちが良く、水下がりしにくい。花弁が堅く、ダメージに強い。

花の大きさ　小 ____▼__ 大
花の香り　　弱 __▼___ 強
作 出 国　フランス
作　　出　Meilland
　　　　　（京成バラ園芸）
年　　　　2000［日本］

7月撮影

Chanel
【シャネル】

剣弁高芯咲きの整った花形で華やかなピンクであり、日持ちが良い。1993年の発表当時から人気を集め、1990年代後半まで濃いピンクのバラの代表的な品種だった。長く愛されている品種のひとつ。

スタンダード

花の大きさ	小 ＿＿＿▼＿＿ 大
花の香り	弱 ▼＿＿＿＿ 強
作出国	日本
作出	國枝啓司
年	1993

2月撮影

Japanesque Mon amour
【ジャパネスク モナムール［夢あかり］】

花弁の表はマットなピンク、裏側は淡いピンクの丸弁カップ咲き。芳しい香りが長く楽しめる。ガーデンローズ'夢あかり'の切り花バラ名。スプレーとスタンダードともに流通している。

スタンダード　スプレー　希少

花の大きさ	小 ＿＿＿▼＿ 大
花の香り	弱 ＿＿＿＿▼ 強
作出国	日本
作出	小川宏（ローズイノベーションTAKUMI）
年	2011

8月撮影

Chance d'amour
【シャンス・ダムール】

'ラ・シャンス'の枝変わり。外側は光沢のあるクリーム色で中心はアプリコットピンクのカップ咲き。花色の個体差が出やすい低温期では、アプリコット色が強くなる。ティー系の甘い香り。

スタンダード

花の大きさ	小 ＿＿＿▼＿ 大
花の香り	弱 ＿▼＿＿＿ 強
作出国	日本
作出	今井ナーセリー
年	2011

9月撮影

Champs-Élysées
【シャンゼリゼ】

'パリ！'の枝変わり品種。細長い花弁は白地に淡いピンクが入り、カップの底へいくほど色が薄くなる。花弁には透け感と光沢がある。香りがある。

スプレー　希少

花の大きさ　小 ──▼── 大
花の香り　　弱 ──▼── 強
作出国　　　日本
作　出　　　樋口忠男
　年　　　　2004

11月撮影

Champagne
【シャンパン】

優しい香りに、柔らかなソフトピンクの中輪。きれいな剣弁高芯咲きに開花する。花弁にはシルクのような光沢がある。高温期は花が小さくなり、開花も早い。長く愛されている品種のひとつ。

スタンダード

花の大きさ　小 ──▼── 大
花の香り　　弱 ─▼─── 強
作出国　　　ドイツ
作　出　　　Kordes（京成バラ園芸）
　年　　　　1983[日本]

11月撮影

Jouvencelle
【ジュヴァンセル［サキカップ］】

フランス語の古語で「乙女」。透明感のある淡いピンクのカップ咲きで、外弁に小さなフリルが入る。花弁には光沢がある。香りは微香。鋭いトゲがある。'サキカップ'の名前で流通していることもある。

スタンダード

花の大きさ　小 ─────▼ 大
花の香り　　弱 ─▼─── 強
作出国　　　日本
作　出　　　今井ナーセリー
　年　　　　2011

4月撮影

Jewelery Box

【ジュエリーボックス】

爽やかなライトピンクのシャローカップのロゼット咲き。中心部分の花色が外弁に比べ濃いピンク色になる。トゲは少なめ。ティー香がある。

スタンダード
花の大きさ 小 ____▼__ 大
花の香り 弱 __▼____ 強
作 出 国 日本
作   出 今井ナーセリー
年 2011

Djoena

【ジュナ】

淡いピンク色だが、アプリコットピンクに近い色になることもある。外弁は萼まで水平になるほど開く。剣弁高芯咲き。花弁の枚数が多く、咲きはゆるやかで日持ちは良い。トゲが少ない。

スタンダード
花の大きさ 小 ____▼__ 大
花の香り 弱 __▼____ 強
作 出 国 オランダ
作   出 De Ruiter
　　　　（京成バラ園芸）
年 2009[日本]

Joie de reine

【ジョアデレーヌ】

淡いピンクが美しい大輪。外弁は大きく反り返り、中心のロゼットが見えてからもさらに花は開きかなり大きくなる。ときとしては花形が乱れることも。香りがとても良い。品種名はフランス語で「王妃の喜び」。スタンダード品種だが、まれに小さなつぼみがついていることもある。

11月撮影

スタンダード　生産者育種　希少

花の大きさ　小 ▼ 大
花の香り　弱 ▼ 強
作出国　日本
作出　市川バラ園
年　2008

Shounan Candy Pink

【湘南キャンディピンク】

神奈川県の育成品種。ソフトピンクの花色で花弁の裏は白いため、開花すると覆輪のように見える。'湘南キャンディレッド'の枝変わり品種。

スプレー　希少

花の大きさ　小 ▼ 大
花の香り　弱 ▼ 強
作出国　日本
作出　神奈川県
年　2004

11月撮影

Josie

【ジョシー】

ピンクのグラデーションは、外側が濃いピンクで中心へいくほどやや色が薄くなる剣弁高芯咲き。ほのかに香りがある。濃いグリーンの艶のある葉を持ち、トゲは少ない。

3月撮影

スタンダード

花の大きさ	小 _____▼__ 大
花の香り	弱 ▼_____ 強
作 出 国	オランダ
作　　出	Interplant（京成バラ園芸）
年	2005 [日本]

Silhouette

【シルエット（市川）】

大輪ではあまり見られない一重咲きに近い花形。花弁は大きく、光沢のある優しいペールピンク。繊細な佇まい。つぼみがゆっくりと咲いていく。輸入品で同名品種がある。

スタンダード　生産者育種　希少

花の大きさ	小 _____▼__ 大
花の香り	弱 ▼_____ 強
作 出 国	日本
作　　出	市川バラ園
年	1991

11月撮影

Silk

【シルク】

透明感のある淡いサーモンピンクの花色。開花は非常にゆるやか。花弁はわずかに反り返る程度で、芯はあまり高くならない。日持ちが良く、香りも良い。生産量は少なめ。

5月撮影

スタンダード　希少

花の大きさ　小　▼　大
花の香り　弱　▼　強
作出国　フランス
作　出　Nirp International
年　2007［日本］

Silvana Spek

【シルバナスペック】

'デリーラ'（下巻）の枝変わり。香りがとても良い。外弁が青みがかった濃いピンクで、開いてくるとラベンダーピンクへと色の変化が楽しめる。美しい剣弁高芯咲き。

スタンダード　希少

花の大きさ　小　▼　大
花の香り　弱　▼　強
作出国　オランダ
作　出　JAN SPEK ROZEN（河本バラ園）
年　2005［日本］

4月撮影

Cymbeline
【シンベリン】

つぼみは青みがかった鮮やかなローズピンク。外弁から大きくふんわりと開き、花色は明るいピンクへと変化する。ディープカップのクォーターロゼット咲きで、存在感がある。強いミルラ香。日持ちは良い。

10月撮影

スタンダード　希少

花の大きさ　小 ____▼__ 大
花の香り　　弱 _____▼ 強
作 出 国　　イギリス
作　 出　　David Austin
年　　　　2011 [日本]

Sweet Viviane!
【スィートビビアン！】

淡いシルバーピンクの小輪スプレータイプ。'ビビアン！'（下巻）の枝変わり品種。花弁は少しフリルがかる。小さいながらも、開花するとボリューム感がある。開きはゆっくり。

スプレー

花の大きさ　小 __▼____ 大
花の香り　　弱 ▼____ 強
作 出 国　　オランダ
作　 出　　Schreurs
　　　　　（メルヘンローズ）
年　　　　2008 [日本]

5月撮影

Sweet Rosever

【スイートローズベール】

小輪のスプレータイプ。波状弁平咲きで、花弁の先端が尖っている。花弁の枚数はやや少なめで、赤い花芯が見えるまで開く。

7月撮影

花の大きさ	小 ▼ 大
花の香り	弱 ▼ 強
作 出 国	フランス
作　　出	Nirp International
年	2006 [日本]

Sweet Avalanche+

【スウィートアヴァランチェ+】

優しい印象のペールピンクの花色。'アヴァランチェ+'（下巻）の枝変わり品種。外弁には親品種同様、グリーンが入る。

花の大きさ	小 ▼ 大
花の香り	弱 ▼ 強
作 出 国	オランダ
作　　出	LEX+ （國枝バラ園）
年	2007 [日本]

3月撮影

Sweet Akito
【スウィート アキト】

柔らかなソフトピンクの剣弁高芯咲き。'ローズユミ'（下巻）の枝変わり品種で、花形や特徴は似ている。「アキト」は海外で'ローズユミ'が'ニューアキト'という名で流通していることに由来。咲いてからの日持ちは良い。

スタンダード
花の大きさ　小 ＿＿＿▼＿大
花の香り　なし
作出国　ドイツ
作　出　Tantau
　　　　（京成バラ園芸）
年　　　2003［日本］

Sweet Escimo
【スウィート エスキモー】

'エスキモー'（下巻）の枝変わり品種。2014年時点では日本国内では生産がないため、輸入品の流通のみで極めて少ない状態。香りがあり、'エスキモー'同様、きれいな剣弁高芯咲きの中輪。スモーキーピンクの花色で、裏は少しピンクが濃く、表はよりマットな質感。

スタンダード　希少
花の大きさ　小 ＿▼＿＿大
花の香り　弱 ＿▼＿＿強
作出国　ドイツ
作　出　Kordes
　　　　（京成バラ園芸）
年

Sweet Dolomiti

【スウィート ドロミティ】

柔らかなピンクの剣弁高芯咲き、巻きが多くボリューム感のある花。開きはゆるやか。花弁は繊細で傷がつきやすい。'ドロミティ'（下巻）の枝変わり。トゲは少なめ。

9月撮影

花の大きさ　小 ────▼── 大
花の香り　　弱 ─▼──── 強
作 出 国　　オランダ
作　　出　　Olij Rozen
　　　　　　（京成バラ園芸）
年　　　　　2011［日本］

Sweetness

【スウィートネス（ピンク）】

'ノブレス'の枝変わり品種。透明感のある質感の花弁でクリアなピンク。半剣弁高芯咲きで咲きはゆるやか。海外で生産された同名品種とは異なる。国内で生産され、長らく流通している。

花の大きさ　小 ────▼── 大
花の香り　　弱 ─▼──── 強
作 出 国　　ドイツ
作　　出　　Tantau
　　　　　　（京成バラ園芸）
年　　　　　1995［日本］

6月撮影

Sweet Unique

【スウィート ユニーク】

半剣弁高芯咲きで透明感のあるピンクの大輪。花弁の裏は白くマット。開花した花は外から中へピンクが濃くなっていく。日持ちが良い。

5月撮影

スタンダード
花の大きさ 小 ____▼__ 大
花 の 香 り 弱 ▼____ 強
作 出 国 オランダ
作   出 De Ruiter
　　　　（京成バラ園芸）
年　　　 2000［日本］

Sweet Lydia

【スウィート リディア】

鮮やかな明るいピンクで、剣弁高芯咲き。'ラブリーリディア'の枝変わり。花付きが良く、ボリューム感がある。花は上のほうに付く。

スプレー
花の大きさ 小 ▼____ 大
花 の 香 り なし
作 出 国 オランダ
作   出 Interplant
　　　　（京成バラ園芸）
年　　　 2005［日本］

5月撮影

Super Sensation

【スーパー センセーション】

小輪の丸いフォルムのカップ咲きで、透明感のある鮮やかなピンク。外弁にはグリーンが強く入る。花弁の中心が尖っている。花弁の枚数は多く、詰まっている印象。

1月撮影

花の大きさ　小 _____▼__ 大
花の香り　なし
作出国　オランダ
作　出　Olij Rozen
　　　　（京成バラ園芸）
年　　　2008［日本］

Supermelt

【スーパーメルト】

赤みが強い濃いピンク。つぼみのときはマットな印象だが、開花すると透明感のある光沢が目立ち、色も一段と鮮やかになる。トゲがほとんどない。大阪を中心に流通している。

花の大きさ　小 _____▼__ 大
花の香り　なし
作出国　日本
作　出　梅本バラ園
年　　　2011

10月撮影

Star Sweet

【スタースイート】

星のように咲く星咲きで、まさに名は体を表す。透明感のあるピンク、裏はマットな質感。'パーフエクトスイート'の枝変わり。似ている'メナージュピンク'と比べると、ステムが長め。

スプレー	希少

花の大きさ　小 ___▼_____ 大
花 の 香 り　なし
作 出 国　日本
作　　出　今井ナーセリー
　　年　　2006

4月撮影

Stephane!

【ステファン!】

'パリ!'の枝変わり。親品種よりも花は大きくボリューム感がある。日持ちがとても良い。

スプレー

花の大きさ　小 _____▼__ 大
花 の 香 り　弱 ▼_____ 強
作 出 国　オランダ
作　　出　Schreurs（メルヘンローズ）
　　年　　2007[日本]

2月撮影

Stela

【ステラ】

優しい香りがある。つぼみは丸い形で、外弁にはグリーンが、開花した中心部にほんのりピンクが入る。開花とともに花は大きくなる。

スプレー　生産者育種　希少

花の大きさ　小 ___▼_____ 大
花 の 香 り　弱 ___▼___ 強
作 出 国　日本
作　　出　興里農場
　　年　　2014

4月撮影

Strawberry Parfait
【ストロベリー パフェ】

華やかな大輪スプレータイプ。花弁にはフリルが入る。丸弁ロゼット咲き。'ピンク セレブレーション'の枝変わり品種。花に紅が差すこともある。

花の大きさ	小 ____▼____ 大
花の香り	弱 __▼_____ 強
作 出 国	オランダ
作　　出	De Ruiter（京成バラ園芸）
年	2004［日本］

Spray Rose
【スプレーローズ】

細く尖った葉を持ち、淡いサーモンピンクの花色。ふわふわした丸いカップが特徴的。つぼみは特に小さく丸いフォルム。花付が良く、ボリュームがある。

花の大きさ	小 ____▼__ 大
花の香り	なし
作 出 国	日本
作　　出	第一園芸（メルヘンローズ）
年	1996

Seiren
【セイレーン】

外弁は水彩絵の具で塗られたような青みがかったピンク。表側はマットなミルキーピンクで、開くと色の違いが際立つ。整った剣弁高芯咲き。花弁はしっかりとし、香りも良い。

花の大きさ	小 ____▼__ 大
花の香り	弱 __▼____ 強
作 出 国	ドイツ
作　　出	Kordes（京成バラ園芸）
年	2009［日本］

Second Edition
【セカンドエディション】

つぼみは青みがかったラベンダーピンクで、開花すると徐々に桜色へと薄くなっていく。やや小ぶりの大輪。中心が尖り、咲いてくるとギザギザとした花弁にフリルが入る個性的な花形。

スタンダード

花の大きさ	小 ____▼____ 大	
花の香り	弱 __▼_____ 強	
作出国	オランダ	
作 出	Terra Nigra（オランダウェブ）	
年	2004［日本］	

Setocherry
【セトチェリー】

透明感のあるピンクの整った剣弁高芯咲き。スリムなつぼみから、花弁が開いていく姿が美しい。花弁は光沢があり、トゲは少ない。

スタンダード

花の大きさ	小 ____▼____ 大	
花の香り	弱 ▼_____ 強	
作出国	日本	
作 出	今井ナーセリー	
年	2011	

Serenade
【セレナーデ】

薄いピンクで、花弁が薄紙のような独特な質感をしている。透け感もあるため、光によって表情が異なる。'サフィーア'の枝変わり品種。

スタンダード

花の大きさ	小 ____▼____ 大	
花の香り	弱 ▼_____ 強	
作出国	日本	
作 出	前原勝久（京成バラ園芸）	
年	2004	

11月撮影

12月撮影

4月撮影

Sen

【千】

透明感のある淡いコーラルピンクの。存在感のある巨大輪のロゼット咲き。外弁にはフリルが入っている。強くはないが良い香りがある。

3月撮影

花の大きさ 小 _____▼ 大
花 の 香 り 弱 ___▼____ 強
作 出 国 日本
作　　　出 Rose Farm KEIJI
年 2012

Sensation

【センセーション】

つぼみの段階ではグリーンがかったくすみのある落ち着いたピンク。巻きが多いのでボリューム感のある形が特徴的。開花すると丸いまま大きくなり、ピンクも明るい色みに。半剣弁高芯咲きで花芯が見えるほどまで開く。日持ちが良い。

花の大きさ 小 ____▼____ 大
花 の 香 り なし
作 出 国 オランダ
作　　　出 Olij Rozen
　　　　　（京成バラ園芸）
年 2002[日本]

1月撮影

Scented Night

【センティッド ナイト】

香りがあり、色は紫がかった濃いピンク。丸弁ロゼット咲き。花付きが良く、ボリューム感のある枝振り。花のステージもさほど変わらないので、1本で見ごたえがある。咲いてくると中心の花弁が少し色が濃くなる。

スプレー

花の大きさ	小 ____▼___ 大
花の香り	弱 _____▼_ 強
作出国	オランダ
作出	Interplant（京成バラ園芸）
年	2011［日本］

St. Cecilia

【セント・セシリア】

とても強く香るイングリッシュローズ。柔らかなベビーピンクのカップ咲きの花が開いていく様はシャクヤクのようにダイナミック。名前は音楽やミュージシャンの守護聖人から。

スタンダード

花の大きさ	小 ____▼___ 大
花の香り	弱 _____▼ 強
作出国	イギリス
作出	David Austin
年	1987

Senritsu

【旋律】

'友禅'の枝変わり品種。親品種とはイメージが大きく異なる優しいクリームピンク色。深いカップのロゼット咲きで、さらに咲き進むと平咲きに。

スタンダード 生産者育種 希少

花の大きさ	小 ____▼___ 大
花の香り	弱 __▼___ 強
作出国	日本
作出	Rose Farm KEIJI
年	2013

Soulmate!

【ソウルメイト！】

はっきりとしたローズピンクで、裏弁は白に少しグリーンが入る。半剣弁高芯咲き。日持ちがとても良い。

11月撮影

花の大きさ　小 ____▼__ 大
花の香り　　弱 ▼_____ 強
作出国　　　オランダ
作　出　　　Schreurs
　　　　　　（メルヘンローズ）
年　　　　　2008［日本］

Sora

【そら】

繊細なステムのスプレータイプ。つぼみではベージュピンク、咲き進むにつれ色が抜けていき、くすみのある色になる。カップの底は黄色。まれに濃いピンクの斑が入ることも。花弁の枚数は少なめ。'葵'（下巻）の枝変わり。

花の大きさ　小 _▼_____ 大
花の香り　　弱 ▼_____ 強
作出国　　　日本
作　出　　　Rose Farm KEIJI
年　　　　　2013

11月撮影

上巻 141

ピンク／PINK

Sorbet Avalanche⁺

【ソルベットアヴァランチェ⁺】

剣弁高芯咲きの巨大輪。'アヴァランチェ⁺'の枝変わり品種。花弁は弁先が透明感のあるピンクで、花芯へ近づくほど白くなる。咲きはゆるやかで日持ちは良い。

3月撮影

スタンダード
花の大きさ 小 _____▼ 大
花の香り 弱 __▼____ 強
作 出 国 オランダ
作 出 LEX⁺
（國枝バラ園）
年 2011[日本]

Darcey

【ダーシー】

イングリッシュローズの切り花向け品種。つぼみのときはややフリルがかった花弁が印象的で、開花するとロゼット咲きに。花弁がとても堅く光沢がある。とても日持ちがよい。

スタンダード
花の大きさ 小 ____▼__ 大
花の香り 弱 __▼____ 強
作 出 国 イギリス
作 出 David Austin
年 2013[日本]

10月撮影

Darling
【ダーリン】

クリーム色の地に、ふんわりとピンクが入った優しい花色。半剣弁高芯咲きの整った花形。'ソニア'の枝変わり。ロングセラー品種。

花の大きさ　小 ——————▼— 大
花の香り　　弱 ———▼——— 強
作 出 国　ニュージーランド
作　　出　Franko Roses（メルヘンローズ）
年　　　　1983年以前

6月撮影

Titanic
【タイタニック】

クリアな淡いピンクの花弁は、この品種特有のしっとりとした質感がある。剣弁高芯咲きの大輪。

花の大きさ　小 ——————▼— 大
花の香り　　弱 ——▼———— 強
作 出 国　オランダ
作　　出　Interplant（京成バラ園芸）
年　　　　2000［日本］

2月撮影

Daichan
【だいちゃん】

蛍光ピンクの花色。半剣弁高芯咲きで大きく開く。花弁の表面には艶やかな光沢がある。ピンクの大輪から「ピンクの大ちゃん」という仮称から、市場の担当者が名付けた。

花の大きさ　小 —————▼—— 大
花の香り　　弱 ———▼——— 強
作 出 国　日本
作　　出　梅本バラ園
年　　　　2013

10月撮影

Tamaki

【環】

淡いアプリコットピンクにややくすみがある花色の丸弁ロゼット咲き。花弁は薄く、透け感がありながらも、印象的にはマット。開花しても花形が崩れない。'友禅'の枝変わり。作出者の孫の名前に由来。

花の大きさ　小 ‾‾‾▼‾‾‾ 大
花の香り　　弱 ‾▼‾‾‾‾ 強
作 出 国　日本
作　　出　Rose Farm KEIJI
年　　　　2013

Dancing Queen

【ダンシング クイーン】

透明感のあるピンクに外弁がグリーンで、その色合いが独特な品種。しっかりとした厚みの花弁で、半剣弁高芯咲き。季節や生産地によりピンクの濃淡の個体差がある。日持ちが良い。

花の大きさ　小 ‾‾‾▼‾‾ 大
花の香り　　弱 ‾▼‾‾‾ 強
作 出 国　ドイツ
作　　出　Tantau
　　　　　（京成バラ園芸）
年　　　　2004［日本］

Cheergirl

【チアガール】

つぼみが淡いオレンジ色で、開花するにつれ、透明感のある艶やかなピンクへと変わる。花弁にフリルが入り、弁数は多くないが軽やかに開く。スプレータイプとしては花がかなり大きい。

花の大きさ　小 ─────▼─── 大
花の香り　　弱 ─▼──────── 強
作 出 国　　日本
作　　出　　今井ナーセリー
年　　　　　2010

1月撮影

Charm

【チャーム】

繊細でしなやかなステムの小輪スプレータイプ。淡いピンクの花弁は、花芯周囲にわずかにクリームが入る。花弁にはフリルが入り、外側から1枚ずつゆっくりと開き、次第に豪華な印象に。花弁とトゲは少なめ。

花の大きさ　小 ──▼────── 大
花の香り　　弱 ──▼──────── 強
作 出 国　　日本
作　　出　　市川バラ園
年　　　　　2010

11月撮影

Chaucer

【チョーサー】

淡いピンクのディープカップ咲き。イングリッシュローズ。本来はガーデンローズとして生まれた品種のため、切り花での生産は少ない。香りが高く、鋭いトゲがある。

花の大きさ　小 ─▼──────── 大
花の香り　　弱 ──────▼─── 強
作 出 国　　イギリス
作　　出　　David Austin
年　　　　　1970

5月撮影

11月撮影

Tsugari

【つがり】

小豆色のような落ち着いた深いピンクのカップ咲き。花弁の枚数は少ないがふんわりと丸く開く。花芯近くに白が差すこともある。

スタンダード　生産者育種　希少

花の大きさ　小 ____▼____ 大
花の香り　　弱 ____▼____ 強
作 出 国　　日本
作　　 出　　Rose Farm KEIJI
年　　　　　2013

Tsukuba Express

【つくばエクスプレス】

茨城県らしい名前をということで、生産者が命名（首都圏新都市鉄道から名称とロゴの使用を正式に認められている）。茨城県内の生産者のみが生産するという契約になっている。剣弁高芯咲きの大輪で、ピンクの花弁には透明感がある。香りもとても良く、トゲがほとんどない。

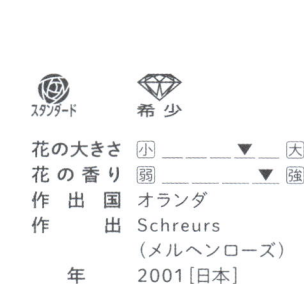

2月撮影

スタンダード　希少

花の大きさ　小 ＿＿＿＿▼＿ 大
花の香り　　弱 ＿＿＿＿▼＿ 強
作 出 国　　オランダ
作　　 出　　Schreurs
　　　　　　（メルヘンローズ）
年　　　　　2001［日本］

Tsumugi

【つむぎ】

甘い香りが漂う、光沢のあるアプリコットピンクの巨大輪。外弁がとても大きく、咲き進むとはボリューム感が増す。しべが見えるまで咲ききる。

スタンダード　生産者育種　希少

花の大きさ　小 ＿＿＿＿▼ 大
花の香り　　弱 ＿＿＿▼＿ 強
作 出 国　　日本
作　　 出　　Rose Farm KEIJI
年　　　　　2013

11月撮影

Diva

【ディーヴァ】

名前はラテン語で「歌姫」。つぼみは淡いアプリコットピンクで剣弁高芯咲きから半カップ状に咲く。開花とともに花色は非常に透明感のある薄いサーモンピンクに。強めの甘い香りがある。高温期は花弁の枚数が少なくなる傾向。トゲは少なめ。

スタンダード　希少
花の大きさ　小 ____▼__ 大
花の香り　　弱 ____▼__ 強
作 出 国　　日本
作　　出　　今井ナーセリー
年　　　　　2004

Dignité informelle

【ディニティ・アンフォルメル】

名前はフランス語で「さりげない気品」の意味。淡いピンクを帯びたシルバーライラックの非常に整った剣弁高芯咲きの花形。花弁の色は中心にいくほど白みが強まる。季節による花色の変化が大きく、高温期ではグレーベージュ色が強くなる。

スタンダード
花の大きさ　小 ____▼__ 大
花の香り　　弱 __▼____ 強
作 出 国　　日本
作　　出　　今井ナーセリー
年　　　　　2011

6月撮影

9月撮影

Tinker Bell

【ティンカーベル】

サーモンピンクでふんわりとした丸いつぼみから、浅いカップで丸く開く。花付きが良くボリューム感がある。

5月撮影

スプレー　希少

花の大きさ　小 ▼_____ 大
花の香り　　弱 ▼_____ 強
作 出 国　　日本
作　　出　　今井ナーセリー
年　　　　　2003

Dekola

【デコラ】

ややオレンジがかったサーモンピンク色。花弁には厚みがあり、咲きは非常にゆるやかで日持ちが良い。国内では生産されておらず、主にアフリカを中心とした地域で生産が行われている。

スタンダード

花の大きさ　小 _____▼_ 大
花の香り　　弱 ___▼__ 強
作 出 国　　ドイツ
作　　出　　Kordes
　　　　　　（京成バラ園芸）
年　　　　　_____

5月撮影

Temari
【てまり】

丸弁ロゼット咲きの小輪スプレータイプ。透明感のある淡いピンク。香りも良い。Rose Farm KEIJI の「和ばら」の原点となった花。

3月撮影

スプレー　生産者品種　希少

花の大きさ　小 ___▼___ 大
花の香り　弱 ▼___ 強
作 出 国　日本
作　　出　Rose Farm KEIJI
年　　　　2007

Twikle Rose
【トゥインクルローズ】

濃いピンクの小輪のスプレータイプ。丸弁カップ咲き。巻きがあまり多くないため開花すると花芯が見えてくるが、開きはゆるやかで日持ちは良い。

スプレー

花の大きさ　小 ▼___ 大
花の香り　なし
作 出 国　フランス
作　　出　Nirp International
年　　　　2000[日本]

11月撮影

De nouvelle robes

【ドゥヌベルローブ】

フランス語で「新しいドレス」という意味の品種名。外弁は青みを帯びたピンク、表側はスモーキーなソフトピンクの濃淡のある大輪カップ咲き。ティー香の香りがある。

スタンダード

花の大きさ	小 ──────▼── 大	
花の香り	弱 ──────▼── 強	
作出国	日本	
作出	今井ナーセリー	
年	2006	

1月撮影

Topless

【トップレス】

オレンジがかったサーモンピンクの独特の花色。'ノブレス'の枝変わりで、親品種同様に開きはゆるやか。花弁は堅く光沢がある。巻きは多くないが日持ちがとても良い。

スタンダード

花の大きさ	小 ──────▼── 大	
花の香り	なし	
作出国	ドイツ	
作出	Tantau（京成バラ園芸）	
年	1994［日本］	

6月撮影

Topaz

【トパーズ】

剣弁高芯咲き。花弁の表は濃いフューシャピンク、裏は白なので、つぼみのときと開花してからで印象が大きく異なる。国内未発売品種で、エクアドルなど南米で生産されている。

スタンダード

花の大きさ	小 ───▼────── 大	
花の香り	なし	
作出国	ドイツ	
作出	Tantau（京成バラ園芸）	
年	2007	

10月撮影

Draftone
【ドラフトワン】

フリルが強く入ったスプレータイプ。外側の花弁の縁には濃いピンクが差し、中心は淡い色み。全体的にややくすみがある。色には個体差があり、ピンクが濃くなることも。花弁の枚数は少なめで、しべが見えてくるのも早い。

2月撮影

スプレー
花の大きさ 小 ___▼___ 大
花の香り 弱 ▼____ 強
作 出 国　日本
作　　出　今井ナーセリー
　　年　　2007

Dream Sensation
【ドリーム センセーション】

青みのあるピンクの中輪のスプレータイプ。花弁が多く、花の大きさもボリューム感のある半剣弁抱え咲き。トゲはほとんどない。

スプレー
花の大きさ 小 ___▼__ 大
花の香り 弱 ___▼__ 強
作 出 国　オランダ
作　　出　Olij Rozen
　　　　　（京成バラ園芸）
　　年　　2010［日本］

7月撮影

Dorothy!

【ドロシー!】

透明感のあるサーモンピンク、外弁にはグリーンが強く入る剣弁高芯咲き。トゲはやや少なめ。強くはないが甘い香りがある。

花の大きさ　小 _____▼___ 大
花の香り　　弱 ___▼_____ 強
作出国　　オランダ
作　　出　　Schreurs
　　　　　　（メルヘンローズ）
年　　　　　2013 [日本]

2月撮影

Troilus

【トロワラス】

中心は淡いアプリコットピンクで、外弁は白に近い色と透明感がある。丸弁ロゼット咲き。つぼみは小さく、全体が丸くふんわりと膨らんでから、外弁が広がる。

花の大きさ　小 _____▼___ 大
花の香り　　弱 _____▼ 強
作出国　　イギリス
作　　出　　David Austin
年　　　　　1983

6月撮影

Towa Cup
【トワカップ】

白に近いうっすらとしたピンク色のカップ咲き。濃厚なミルラの香りがある。今井ナーセリー作出の多くの品種でトワと付けられているが、これは作出者の孫の名前に由来する。

4月撮影

花の大きさ 小 ____▼____ 大
花の香り 弱 ____▼____ 強
作出国 日本
作 出 今井ナーセリー
年 2005

Towa Sweet Love
【トワスイートラブ】

ピンクがかった淡い象牙色。外弁にはグリーンが強く入る。全体的にこっくりとしたミルキーな質感の丸弁カップ咲き。咲き進んでも花形は乱れない。

花の大きさ 小 ____▼____ 大
花の香り 弱 ____▼____ 強
作出国 日本
作 出 今井ナーセリー
年 2011

9月撮影

Towa vion

【トワバイオン】

花の中心はほんのりピンク、外側へいくほどクリームがかったグリーンになっていく。季節や個体差による色の違いがあり、中心のピンク色の出方が異なる。花弁の巻きが多く、開きはゆっくり。

5月撮影

スタンダード
花の大きさ　小　▼　大
花の香り　弱　▼　強
作出国　日本
作　出　今井ナーセリー
年　2010

Nagi Dark

【ナギダーク】

くすみのあるピンクにオレンジがかかった珍しい色で、開いてくると明るいピンクになってくる。花弁の先端が尖っているため、開花するとギザギザと波立つように見える。トゲが少ない。

12月撮影

スプレー
花の大きさ　小　▼　大
花の香り　弱　▼　強
作出国　日本
作　出　今井ナーセリー
年　2011

Nagi Draftone
【ナギドラフトワン】

淡いアプリコットピンクだが、個体差が大きい。かなり白っぽいものから、写真のような色のものまで幅がある。外弁にはグリーンがかっている。トゲがとても少ない。香りがとても強い。

4月撮影

スプレー

花の大きさ 小 ＿＿＿▼＿＿＿ 大
花の香り 弱 ＿＿＿＿＿▼ 強
作 出 国　日本
作 　 出　今井ナーセリー
　　年　　2010

Nina Dress
【ニーナドレス】

透明な白さのあるアプリコット系ピンク。花弁に光沢がある。カップが深く巻きもあるため、開くとかなりのボリュームに。外弁にはグリーンが入り、開花すると下方向へ乱れるように反り返る。半剣弁ロゼット咲き。

スタンダード

花の大きさ 小 ＿＿▼＿＿ 大
花の香り 弱 ＿▼＿＿＿ 強
作 出 国　日本
作 　 出　今井ナーセリー
　　年　　2011

1月撮影

New Bridal
【ニュー ブライダル】

'サフィーア'の枝変わり品種。マットなソフトピンクの剣弁高芯咲き。花弁の枚数は親品種ほど多くない。香りがある。

7月撮影

花の大きさ　小 ____▼____ 大
花の香り　　弱 ___▼_____ 強
作 出 国　日本
作　　出　海野鉞鷹
　　　　　（京成バラ園芸）
年　　　　2001

Nene
【ネネ】

薄いピンクのスプレータイプ。花は小さく、咲き始めはカップ咲きで徐々に平咲きへと変化していく。花弁にフリルが入る。

スプレー　生産者育種　希少

花の大きさ　小 _▼_____ 大
花の香り　　弱 ___▼____ 強
作 出 国　日本
作　　出　後藤バラ園
年　　　　2002

6月撮影

Noblesse
【ノブレス】

サーモンピンクの半剣弁高芯咲き。咲きはゆっくりで日持ちは良いが、咲ききることはあまりない。1990年代にはブライダル花材の定番品種として、多くの生産地で作られていた。

6月撮影

スタンダード
花の大きさ 小 ＿＿＿＿▼＿ 大
花の香り なし
作 出 国 ドイツ
作　　 出 Tantau
　　　　　（京成バラ園芸）
年 1990 [日本]

Perfect Sweet
【パーフェクトスイート】

透明感のある青みがかった淡いピンクで、小輪の半剣弁高芯咲き。つぼみのときから中心が高い花形をしている。

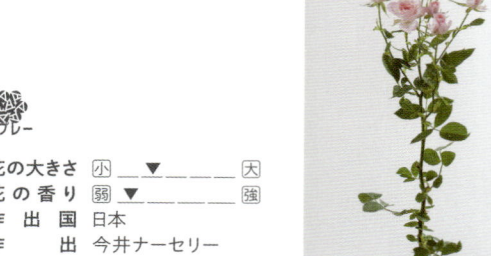

スプレー
花の大きさ 小 ＿＿▼＿＿＿＿ 大
花の香り 弱 ＿▼＿＿＿＿ 強
作 出 国 日本
作　　 出 今井ナーセリー
年 2002

1月撮影

Pearl Avalanche⁺
【パールアヴァランチェ⁺】

'スウィートアヴァランチェ⁺'の枝変わり品種。ソフトなアプリコットピンクで、花弁の裏は表より一段濃い。花形は親品種と同じく、巻きの多い剣弁高芯咲き。花弁の表面には艶がある。

2月撮影

花の大きさ 小 ＿＿＿＿▼＿ 大
花の香り なし
作 出 国 オランダ
作　　出 LEX⁺
　　　　　（國枝バラ園）
年　　　 2013[日本]

Pearl Queen
【パールクィーン】

サーモンピンクの中輪。花弁の巻きは多く、香りがある。咲きはゆるやか。花弁には張りがあり、光沢がある。

希少

花の大きさ 小 ＿＿▼＿＿＿ 大
花の香り 弱 ＿＿＿▼＿ 強
作 出 国 日本
作　　出 岩瀬バラ園
年　　　 1992

6月撮影

は

Hanamikouji
【花見小路】

八重桜のイメージで作られた花。'てまり'の枝変わり。透明感のある青みがかったピンクのつぼみは、咲き進むにつれ色が薄くなり、花形も丸いポンポン咲きになる。季節や温度による個体差で、色や花形が異なることも多い。京都の花見小路から命名。

11月撮影

花の大きさ 小 ▼ 大
花の香り 弱 ▼ 強
作出国 日本
作出 Rose Farm KEIJI
年 2009

Hana Yoshino
【花吉野】

奈良県吉野の生産者が作出したバラ。艶やかなピンク色で花弁はしっかりとしている。名前は生まれた地名にちなんで。

花の大きさ 小 ▼ 大
花の香り 弱 ▼ 強
作出国 日本
作出 梅本バラ園
年 2013

11月撮影

Honey Pink⁺

【ハニーピンク⁺】

香りが強い巨大輪。ややオレンジがかった独特の色。花弁に厚みと張りがある。剣弁高芯咲きで、外側からゆるやかに開いていく。

スタンダード
花の大きさ　小 _____▼ 大
花の香り　　弱 ____▼__ 強
作出国　　　オランダ
作　出　　　LEX⁺（國枝バラ園）
　年　　　　2007［日本］

6月撮影

Vanity

【バニティ】

青みがかったピンクに透明感のある花弁の剣弁高芯咲き。やや小ぶりな大輪。高温期は開花が早い。息の長い品種のひとつ。

スタンダード
花の大きさ　小 _____▼_ 大
花の香り　　弱 ___▼___ 強
作出国　　　オランダ
作　出　　　Terra Nigra（オランダウェブ）
　年　　　　1995［日本］

9月撮影

Honeymoon

【ハネムーン】

優しいソフトピンクのスプレータイプ。やや小輪。半剣弁高芯咲きで花付きが良い。花色は季節によってクリームがかることもある。

スプレー
花の大きさ　小 __▼____ 大
花の香り　　弱 ▼_____ 強
作出国　　　フランス
作　出　　　Nirp International
　年　　　　2001［日本］

5月撮影

ハ は

ピンク PINK

上巻 161

Paris!

【パリ！】

明るいピンク。ボリューム感があり、ピンク系のスプレータイプの定番品種として安定した人気がある。全開すると剣弁高芯咲きに。この品種から生まれた枝変わり品種が数多くある。

2月撮影

花の大きさ 小 ____▼____ 大
花の香り 弱 ▼_____ 強
作 出 国 オランダ
作 　 出 Schreurs
　　　　（メルヘンローズ）
年　　　　1997 [日本]

Haruhi

【ハルヒ】

丸弁ロゼット咲きでやや小ぶりな中輪。つぼみは丸いフォルム。色は澄んだ淡いピンク、外弁の先端にはグリーンが少し入る。葉は濃いグリーンで艶々している。強くはないが香りは良い。

5月撮影

花の大きさ 小 ____▼____ 大
花の香り 弱 ___▼____ 強
作 出 国 日本
作 　 出 原園芸
年　　　　2012

Parfum Frais
【パルファン フレ】

品種名はフランス語で「新鮮な香り」、その意味通りに香しい品種。クリームピンクの半剣弁高芯咲きで、巻きが多い花弁には透明感があり、柔らかな質感がある。ゆっくりと咲き進み、開花してからも日持ちが良い。

3月撮影

スタンダード
花の大きさ　小　　　▼　　大
花の香り　　弱　　　　▼　強
作出国　　　フランス
作　出　　　Meilland
　　　　　　（京成バラ園芸）
年　　　　　2010［日本］

Paruru
【パルル】

卵形のつぼみが特徴的な花。アイボリー地の花弁は淡いピンクで縁取られている。そのため、つぼみの状態でピンクの印象がとても強い。外側から1枚1枚ゆっくりと開いていく。

スプレー
花の大きさ　小　▼　　　大
花の香り　　弱　▼　　　強
作出国　　　──
作　出　　　──
年　　　　　──

10月撮影

は

Parle Moi

【パルレ モワ】

アプリコットピンクの花弁にフリルが入る半剣弁ロゼット咲き。大輪のスタンダードも流通している。スプレーでは大きめの中輪サイズ。香り高く、日持ちも良い。花色には濃淡の個体差や季節による違いがある。

5月撮影

スタンダード スプレー
花の大きさ　小 ＿＿＿＿▼＿大
花の香り　　弱 ＿＿＿＿▼＿強
作 出 国　フランス
作　　出　Meilland
　　　　　（京成バラ園芸）
年　　　　2010［日本］

Bambina

【バンビーナ】

小輪で丸い花形が特徴的。ラベンダーがかったピンクで開花はゆるやか。トゲがほとんどない。品種名はスペイン語で「女の子」という意味。

スプレー
花の大きさ　小 ＿▼＿＿＿＿大
花の香り　　弱 ▼＿＿＿＿＿強
作 出 国　日本
作　　出　今井ナーセリー
年　　　　2006

2月撮影

ピンク PINK

164 上巻

Bianca Candy

【ビアンカキャンディ】

全体的に淡いピンクだが、外弁にグリーンがかった大輪種。花弁が大きく、半剣弁高芯咲きで、芯は少し高くなる程度。咲きはゆるやかで日持ちが良い。トゲは少なめ。'ビアンカ'の枝変わり。

スタンダード

花の大きさ　小 ＿＿＿＿▼＿＿ 大
花の香り　　弱 ＿＿▼＿＿＿＿ 強
作 出 国　　オランダ
作　　出　　Preesman
　　　　　　（メルヘンローズ）
年　　　　　2000［日本］

Peaks

【ピークス】

作出者の友人が経営する美容室の名前から命名。Peakを複数形にすることで、長く愛されるバラになるように、という思いが込められている。青みがかった濃いピンクで、外側は少し白っぽい。花弁には光沢がある。咲いても花形が崩れない。

スタンダード　生産者育種　希少

花の大きさ　小 ＿＿＿＿▼＿＿ 大
花の香り　　なし
作 出 国　　日本
作　　出　　梅本バラ園
年　　　　　2009

Heat&Beat
【ヒート&ビート】

つぼみのときはオレンジが強く、開花するにつれピンクへと色が変わっていく。咲き進んでも外弁は乱れずに花は大きくなり、直径10cm近くになることも。

3月撮影

スプレー

花の大きさ	小＿＿＿▼＿＿＿大
花の香り	弱▼＿＿＿＿＿＿強
作 出 国	オランダ
作　　出	Terra Nigra（オランダウェブ）
年	2006［日本］

Hikaru
【ヒカル】

アプリコットカラーを含んだソフトピンクのロゼット咲き。外弁にはグリーンが少し入る。花弁の枚数は少なめ。丸いつぼみからふんわりととても大きく広がる。作出者の知人の子供の名前から命名した。

1月撮影

スタンダード　希少

花の大きさ	小＿＿＿▼＿＿＿大
花の香り	弱＿＿▼＿＿＿強
作 出 国	日本
作　　出	今井ナーセリー
年	2006

Pitahaya

【ピタハヤ】

鮮やかなピンクの花弁の先端には、グリーンが入っている。花弁には厚みがあり、日持ちが良く咲きはゆるやか。季節によってピンクの色の出方に違いが見られる。外弁は萼と水平になるほど大きく開く。トゲは少なめ。

5月撮影

花の大きさ　小 ─────▼─ 大
花の香り　なし
作出国　ドイツ
作　出　Kordes
　　　　（京成バラ園芸）
年　　　2009［日本］

Hina

【ひな】

外側は淡いベージュピンク、中心へいくほどクリーム色になる。やや小ぶりな大輪の半剣弁ロゼット咲き。開いてからも花持ちが良く、優しい香りがある。

花の大きさ　小 ───▼───── 大
花の香り　弱 ──▼──── 強
作出国　日本
作　出　Rose Farm KEIJI
年　　　2009

3月撮影

Bibros
【ビブロス】

発色の良い鮮やかなピンクが特徴的。花弁の枚数が多く、かなり大きめの大輪。花弁には厚みがあり、半剣弁高芯咲きで開花しても花形が崩れない。

5月撮影

スタンダード 生産者育種 希少
花の大きさ 小 _____▼__ 大
花の香り なし
作出国 日本
作　出 やぎバラ園
　年　 2012

Pure Lady
【ピュアレディ】

花弁の枚数が多く、整った剣弁高芯咲きの花形。淡いピンク色だが、咲き進むにつれ中心部分は青みがかったピンクへと変化する。日持ちは良い。

スタンダード
花の大きさ 小 ___▼_____ 大
花の香り 弱 __▼_____ 強
作出国 日本
作　出 今井ナーセリー
　年　 2012

9月撮影

Hiyori

【日和】

優しい雰囲気の淡いアプリコットピンクで、外弁にはグリーンが少し入る。艶やかで張りがあり、フリルが強く入る。ティー香の良い香りがある。

1月撮影

スタンダード

花の大きさ	小 ▬▬▬▼▬▬ 大
花の香り	弱 ▬▬▬▼▬ 強
作 出 国	日本
作　　出	今井ナーセリー
年	2008

Hiyori

【ひより】

ほんのりアプリコットがかったベビーピンクの丸弁ロゼット咲き。花弁に光沢がある。'美咲'の枝変わり品種。作出者の孫の名前から命名。

スタンダード　生産者育種　希少

花の大きさ	小 ▬▬▬▼▬ 大
花の香り	弱 ▬▬▬▬▼ 強
作 出 国	日本
作　　出	Rose Farm KEIJI
年	2011

3月撮影

Pink Yves Piaget

【ピンク イブ ピアッチェ】

淡いピンクで'イブ ピアッチェ'の枝変わり品種。花弁には強くフリルが入る。花弁の先だけ、少し濃いピンクが差す。香りは非常に強い。

3月撮影

花の大きさ 小 ─────▼── 大
花の香り 弱 ──────▼ 強
作 出 国 フランス
作　　出 Meilland
　　　　（京成バラ園芸）
年　　　 2008［日本］

Pinkjuke

【ピンクジューク】

花弁の表は落ち着いたシックなペールピンク、裏は表よりも一段落ち着いたピンク。花弁には厚みがある。ボリューム感のある剣弁高芯咲き。'ジューク'（下巻）の枝変わりで同じような香りがある。

花の大きさ 小 ─────▼── 大
花の香り 弱 ───▼──── 強
作 出 国 日本
作　　出 やぎバラ園
年　　　 2010

5月撮影

Pink Smoothie!

【ピンクスムージー!】

青みがかった薄いピンクの剣弁高芯咲き。弁数はさほど多くないため、つぼみのフォルムは細長い。品種名は東京の大田市場内で公募されて選ばれたもの。トゲがほとんどない。全開にするとクォーター咲きになる。

2月撮影

花の大きさ	小 _____▼__ 大
花の香り	弱 ▼_____ 強
作 出 国	オランダ
作　　出	Schreurs（メルヘンローズ）
年	2013

Pink Smell

【ピンクスメール】

しっとりした明るいピンクで、カップの底にはクリーム色が差している。光沢のある花弁は大きく、開花するほど花全体も大きく変化する。甘い香りがあるため、この名が付けられた。関西圏を中心に流通している。

花の大きさ	小 ____▼__ 大
花の香り	弱 ____▼__ 強
作 出 国	日本
作　　出	梅本バラ園
年	2010

10月撮影

Pink Diamond

【ピンク ダイヤモンド】

明るいピンクの剣弁高芯咲きで、開花した花形は整っている。ほんのりと甘い香りがあり、トゲがとても少ない。

2月撮影

スタンダード

花の大きさ 小 ____▼__ 大
花の香り 弱 _▼____ 強
作 出 国 ドイツ
作　　出 Kordes
　　　　　（京成バラ園芸）
年　　　 2010［日本］

Pink Tutu

【ピンク チュチュ】

透明感のある青みがかったピンクと、ふりふりとした花弁が特徴的。中輪でボリューム感がある。花弁の先端にわずかに白いラインが入る。日持ちが良い。

スプレー

花の大きさ 小 ___▼___ 大
花の香り 弱 __▼__ 強
作 出 国 日本
作　　出 京成バラ園芸
年　　　 2006

11月撮影

Pink Teddy⁺

【ピンクテディ⁺】

フリルが入った外弁にはグリーンが強く入り、花弁全体はくすみのあるマットなアプリコットピンク。花の大きさは存在感のある巨大輪。わずかだが甘い香りがある。

5月撮影

花の大きさ 小 ▼_____ 大
花の香り 弱 ▼_____ 強
作 出 国 オランダ
作　　出 LEX⁺
　　　　　（國枝バラ園）
年　　　 2008［日本］

Pink Tourmaline

【ピンクトルマリン】

白地に淡いピンクで縁取られていて、外弁にはグリーンが強く入る。縁取りのピンクの濃淡には個体差がある。花弁の巻きが多く、つぼみは壺型に似る。開きはゆるやかで、日持ちが良い。トゲがとても少ない。

花の大きさ 小 ____▼___ 大
花の香り なし
作 出 国 オランダ
作　　出 Preesman
　　　　　（メルヘンローズ）
年　　　 2011［日本］

2月撮影

Pink Dress

【ピンクドレス】

優しいアイボリーピンクの半八重のスプレータイプ。花弁には、つぼみのときからゆるやかなフリルが入る。ほのかに香りがある。

4月撮影

花の大きさ 小 ___▼___ 大
花の香り 弱 ▼_____ 強
作 出 国　日本
作　　出　岡松ローズ
　年　　　2013

Pink Piano

【ピンク ピアノ】

'ピアノ'の枝変わり。大輪の丸い花形のロゼット咲きで、親品種である'ピアノ'同様に南米などで生産されてる。鮮やかなピンク。

花の大きさ 小 ____▼_ 大
花の香り なし
作 出 国　ドイツ
作　　出　Tantau
　　　　　（京成バラ園芸）
　年　　　2009

4月撮影

Pink Peaks

【ピンクピークス】

'ピークス'の枝変わり品種。花弁はマットで繊細な質感。花色は透明感のあるピンクで、裏はほんのりグリーンがかった白。咲きはゆるやか。

10月撮影

花の大きさ　小 _____▼__ 大
花の香り　なし
作 出 国　日本
作　　出　梅本バラ園
　　年　　2010

Pink Bouquet

【ピンク ブーケ】

透明感のある質感の花弁はフリルが入り、花色は鮮やかなピンク。外弁にはややグリーンが差す。花弁にはしっかりとした厚みがあり、日持ちが良い。しべが見えるくらいまで大きく開く。トゲが少ない。

花の大きさ　小 ___▼_____ 大
花の香り　弱 ▼_____ 強
作 出 国　ドイツ
作　　出　Kordes
　　　　（京成バラ園芸）
　　年　　2007 [日本]

2月撮影

Pinkbloom
【ピンクブルーム】

淡いピンクの花色で、花弁の先端の色は少し濃くなっている。外弁の裏にはグリーンが入る。花弁は堅く、巻きも多い。剣弁高芯咲きのやや小ぶりな中輪。

11月撮影

スプレー
花の大きさ 小 ___▼___ 大
花の香り 弱 ___▼___ 強
作 出 国 日本
作　　出 徳永和宏
　　　　（メルヘンローズ）
年　　　 2011

Bingo Cerise
【ビンゴ スリーズ】

青みが強い艶やかなピンクの花色。つぼみは細長い形だが、開花すると外弁が大きく開く剣弁高芯咲き。花弁の巻きは多くない。'ビンゴセリース'の名前でも流通している。トゲがとても少ない。

スタンダード
花の大きさ 小 _▼_____ 大
花の香り 弱 _▼_____ 強
作 出 国 フランス
作　　出 Meilland
　　　　（京成バラ園芸）
年　　　 2014[日本]

10月撮影

Funny
【ファニー】

つぼみのときからボリューム感があり、香りも強い。花色は外弁がグリーン、中心へいくほど白くなるが、花弁の先は淡いピンクで縁取られている。開花するときに花弁が独特の開き方をする。トゲがほとんどない。

スプレー　生産者育種　希少
花の大きさ　小　　　▼　　大
花の香り　弱　　　　▼　強
作出国　日本
作　出　興里農場
年　　　2014

4月撮影

Fancy Dress
【ファンシードレス】

大輪のロゼット咲き。明るいチェリーピンクで、外弁にはややグリーンが差す。香りは弱めのティー香。

スタンダード　希少
花の大きさ　小　　　▼　　大
花の香り　弱　▼　　　　強
作出国　日本
作　出　今井ナーセリー
年　　　2008

3月撮影

Fancy Lora
【ファンシー ローラ】

'ローラ'の枝変わり品種。クリームがかったソフトピンクの花色で、カップの底には黄みが入っている。花弁にフリルが入る半剣弁高芯咲き。

花の大きさ　小 __▼_____ 大
花の香り　　弱 ▼_____ 強
作 出 国　　オランダ
作　　出　　Interplant
　　　　　　（京成バラ園芸）
年　　　　　2007［日本］

Fantasy
【ファンタジー】

1990年代からブライダルシーンで人気の品種。白地にふんわりとピンクがかった色は、外側へいくほどピンクが濃くなる。花弁の巻きは多くなく、つぼみは細く尖ったような形。

花の大きさ　小 __▼_____ 大
花の香り　　弱 __▼_____ 強
作 出 国　　―――
作　　出　　―――
年　　　　　―――

Fair Bianca

【フェア・ビアンカ】

スプレータイプにも、スタンダードにも仕立てられることもあるイングリッシュローズ。オフホワイトの花色で、中心はクリームが強くなるが、季節によりほんのりとベージュピンクになることもある。とても香りが強い。

6月撮影

花の大きさ 小 ____▼____ 大
花の香り 弱 _____▼ 強
作 出 国 イギリス
作   出 David Austin
年   1982

Fair Play

【フェア プレイ】

華やかなピンクのスプレータイプは、丸みを帯びた剣弁高芯咲きで、花は大きくはないが開花した姿はボリューム感がある。甘い香りを持つ。

花の大きさ 小 _▼_____ 大
花の香り 弱 ___▼___ 強
作 出 国 オランダ
作   出 Interplant
         （京成バラ園芸）
年   2011［日本］

9月撮影

Priceless
【プライスレス】

透明感のあるピンクで、裏側は白い。つぼみは縦長なフォルムで、咲きはとてもゆるやか。花弁はしっかりとした堅さがあり、日持ちも良い。日本国内では生産されておらず、エクアドルなどの南米で生産されている。

10月撮影

スタンダード
花の大きさ 小 ——————▼— 大
花の香り なし
作出国 ドイツ
作出 Tantau
（京成バラ園芸）
年 2004

Bridal spray
【ブライダルスプレー】

小輪系のスプレータイプ。花色はサーモンピンクで半剣弁高芯咲き。花弁の枚数は多くないが整った花形をしている。

スプレー
花の大きさ 小 —▼——— 大
花の香り 弱 ▼———— 強
作出国 日本
作出 今井ナーセリー
年 2002

2月撮影

Bridal Pink
【ブライダル ピンク】

透明感のあるライトピンクの花色は人気が高く、'ノブレス'以前のピンクバラではとても需要が高かった品種。花の大きさは小ぶりな大輪で、きれいに開花する。咲きは早め。

6月撮影

花の大きさ 小 ▼ 大
花の香り なし
作出国 アメリカ
作　出 J&P
　　　（京成バラ園芸）
年　 1967

Fragile
【フラジール】

シルクのような輝きのある繊細な花弁を持つ。カップ咲きの花は小ぶりな大輪程度だがボリューム感がある。淡いピンクの花色は、開花するとつぼみのときよりもやや濃くなる。

花の大きさ 小 ▼ 大
花の香り 弱 ▼ 強
作出国 日本
作　出 堀木園芸
年　 2006

6月撮影

Blushing Akito

【ブラッシング アキト】

淡いピンクで、透明感がある品種。海外での生産のみで、国内では生産されておらず、アフリカ産が流通している。'ローズユミ'（下巻）の枝変わり品種。

スタンダード
花の大きさ　小 ＿＿＿▼＿大
花の香り　　なし
作出国　　　ドイツ
作　出　　　Tantau
　　　　　　（京成バラ園芸）
年　　　　　2007

5月撮影

Blood Pink⁺

【ブラッドピンク⁺】

'ブラッドオレンジ⁺'（下巻）の枝変わり。オレンジがほんのりかかったピンク色。冬はかなり濃いピンクだが、季節によっては色が薄くなる。フリルが強く入った花弁は厚みがあり、日持ちが良い。ほんのり香りがある。

スタンダード
花の大きさ　小 ＿＿＿▼＿大
花の香り　　弱 ＿＿▼＿＿強
作出国　　　オランダ
作　出　　　LEX⁺
　　　　　　（國枝バラ園）
年　　　　　2013[日本]

12月撮影

François
【フランソワ】

グリーンがかったクリーム色の外弁がゆっくりと開くと、中心の花色は優しいソフトピンク。丸いつぼみから花弁が1枚ずつ開くカップ咲き。香りは良く、開花しても花形は乱れない。

4月撮影

スタンダード

花の大きさ	小 ▼ 大
花の香り	弱 ▼ 強
作 出 国	日本
作　　出	今井ナーセリー
作 出 年	2005

Priestess
【プリエステス】

光沢のない紫がかったピンク色で、中心へいくほど色は薄くなる。つぼみから開花するまでの様子は、まるでシャクヤクのように丸く膨らみ開いていく。チューリップやアネモネのように光で開閉をする。甘い香りがある。

スタンダード

花の大きさ	小 ▼ 大
花の香り	弱 ▼ 強
作 出 国	日本
作　　出	今井ナーセリー
作 出 年	2012

9月撮影

Pretty Avalanche⁺

【プリティアヴァランチェ⁺】

花弁の枚数が多い巨大輪。マットなピンクで弁先がわずかにクリーム色。きっちり開花するまでは時間はかかるが、開いた姿は豪華。'スウィートアヴァランチェ⁺'の枝変わり品種で日本限定品種。

スタンダード
花の大きさ　小　▼　大
花の香り　弱　▼　強
作出国　オランダ
作　出　LEX⁺
　　　　（國枝バラ園）
年　　　2009［日本］

11月撮影

Pretty Woman

【プリティ ウーマン】

サーモンピンクの剣弁高芯咲き中輪。咲きはゆるやかで、外弁からゆっくりと開いていく。花弁には艶やかな光沢があり、ほんのりと香りもある。

スタンダード
花の大きさ　小　▼　大
花の香り　弱　▼　強
作出国　フランス
作　出　Meilland
　　　　（京成バラ園芸）
年　　　1997［日本］

6月撮影

Pretty Nina

【プリティニーナ】

マットで薄い質感の花弁は青みがかった淡い桜色。丸みのあるカップ咲き。花弁はしっかりとしている。満開でも外弁は大きく広がらず、形が乱れない。

9月撮影

スタンダード
花の大きさ　小 ▼ 大
花の香り　なし
作 出 国　日本
作　　出　今井ナーセリー
年　　　　2012

Britony

【ブリトーニ】

クリームがかった透明感のある淡いピンクのやや小輪。日持ちはとても良い。スプレーの花付きが良く、ボリューム感がある。

スプレー
花の大きさ　小 ▼ 大
花の香り　弱 ▼ 強
作 出 国　日本
作　　出　石坂茂樹
年　　　　2002 [日本]

5月撮影

Princess Tutu

【プリンセス チュチュ】

ピンクの花弁は先端が白く縁取られている。名前にあるチュチュのような細かなフリルが特徴的。'ピンクチュチュ'の枝変わり品種。花弁の枚数が少ない小輪咲きだが、ゆっくりと開花し長く楽しめる。

スプレー

花の大きさ　小 ___▼_____ 大
花の香り　　弱 _____▼__ 強
作 出 国　　日本
作　　出　　京成バラ園芸
　年　　　　2009

1月撮影

Princess Tenko

【プリンセステンコー】

ガーデンローズとして人気の品種。切り花バラとしてはかなり希少品種。花弁が尖っており、つぼみの様子はまるでチューリップの閉じた姿と似ている。開いていくにつれ、丸いカップ咲きに。

スタンダード　希少

花の大きさ　小 _____▼___ 大
花の香り　　弱 __▼_____ 強
作 出 国　　日本
作　　出　　河本バラ園
　年　　　　2008

5月撮影

Princess Megu

【プリンセスメグ】

薄いピンクの花弁の先が少し濃いピンクで縁取られ、外側の花弁にはフリルが入る。花弁が堅くしっかりしているもの、光を通すため、光の具合により印象が変わる。

スタンダード

花の大きさ　小 ____▼___ 大
花の香り　　弱 ___▼____ 強
作 出 国　　日本
作　　出　　今井ナーセリー
　年　　　　2003

7月撮影

Bourgeois

【ブルジョア】

'イブ ピアッチェ'の枝変わりだが、花の色はより濃く、花形は一見よく似ているが、こちらはロゼット咲き。花弁は柔らかで繊細。

11月撮影

スタンダード
花の大きさ　小 _____▼__ 大
花の香り　　弱 _____▼ 強
作出国　　　フランス
作　出　　　Meilland
　　　　　　（京成バラ園芸）
年　　　　　2013［日本］

Premier Amour⁺

【プルミエラムール⁺】

外弁はグリーンが強いクリーム、中心は透明感のあるアプリコットピンク。開花すると大きく開き、花弁にはフリルが強く入る。中心のグリーンのしべが見えるほどまで開き、日持ちは良い。ほのかに甘い香りがある。

スタンダード
花の大きさ　小 _____▼ 大
花の香り　　弱 __▼_____ 強
作出国　　　オランダ
作　出　　　LEX⁺
　　　　　　（國枝バラ園）
年　　　　　2010［日本］

2月撮影

Fragrance of Fragrances
【フレグランス・オブ・フレグランシズ】

薄いピンクに少し濃い色が弁先を縁取り、つぼみのフォルムは丸くシャクヤクのようなカップ咲き。名前の通り、まさしく天然の香水のような香りが楽しめる。ガーデンローズとしても人気が高い。

11月撮影

スタンダード　希少
花の大きさ　小 ────▼── 大
花の香り　　弱 ───▼── 強
作出国　日本
作　出　ARF（河本バラ園）
年　　　2008

Fragrant Rose
【フレグラントロゼ】

花色は鮮やかだが、やや不透明感のある濃いピンク。甘い香りが強く香る。フリルが入った花弁は大きく広がり、やや不規則なロゼット咲きになる。

スタンダード　希少
花の大きさ　小 ────▼── 大
花の香り　　弱 ───▼── 強
作出国　日本
作　出　今井ナーセリー
年　　　2011

12月撮影

Premium Love
【プレミアムラブ】

淡いアプリコットピンクの半剣弁高芯咲き。花弁には光沢があり、甘い香りがある。生産地が限定されているため生産量は少なめ。

スタンダード	希少

花の大きさ 小 ─▼─── 大
花の香り 弱 ───▼── 強
作 出 国　日本
作　　出　今井ナーセリー
年　　　　2012

7月撮影

Freundin
【フロインディン】

鮮やかなサーモンピンクの剣弁高芯咲きの大輪。開きがゆるやか。トゲがほとんどなく、葉がとても濃い緑色をしている。わずかに香りがある。

4月撮影

スタンダード
花の大きさ　小 ＿＿＿▼＿＿ 大
花の香り　　弱 ▼＿＿＿＿＿ 強
作出国　ドイツ
作　出　Tantau
　　　（京成バラ園芸）
年　　　2012［日本］

Blossom Pink
【ブロッサムピンク】

くすみのないピンクの半剣弁高芯咲き。花弁の枚数が多く、花の大きさは巨大輪に近いほど大きい。

スタンダード
花の大きさ　小 ＿＿＿▼＿＿ 大
花の香り　　弱 ▼＿＿＿＿＿ 強
作出国　オランダ
作　出　Terra Nigra
　　　（オランダウェブ）
年　　　2006［日本］

2月撮影

Promiss⁺
【プロミス⁺】

花弁に光沢がある淡いアプリコットピンクの半剣弁高芯咲き。ほのかに甘い香りがある。

スタンダード

花の大きさ 小 ────▼──── 大
花の香り 弱 ────▼──── 強
作 出 国 オランダ
作　　出 LEX⁺
　　　　（國枝バラ園）
年 2000［日本］

6月撮影

Fuwari
【ふわり】

ベビーピンクの花弁は繊細でソフトな質感で、花名から受ける印象通り。やや大きめの小輪のカップ咲き。中心部分はピンクがわずかに濃い。

スプレー　希少

花の大きさ 小 ─▼────── 大
花の香り 弱 ────▼──── 強
作 出 国 日本
作　　出 山見英介（ローズイノベーションTAKUMI）
年 ────

7月撮影

Péché Mignon
【ペシェ ミニョン】

アプリコットピンクの小輪のスプレータイプ。甘い香りがほのかにある。丸弁ロゼット咲き。名前はフランス語で「小さな罪」や「ちょっとした悪癖」などの意味。

スプレー

花の大きさ 小 ─▼────── 大
花の香り 弱 ────▼──── 強
作 出 国 オランダ
作　　出 Interplant
　　　　（京成バラ園芸）
年 2009［日本］

5月撮影

Bel Canto
【ベル カント】

花弁の枚数が多く、開花すると花姿が美しい半剣弁ロゼット咲き。花色は外側は薄いピンクで、開花していくと中心がやや濃いピンクになる。

10月撮影

花の大きさ	小 ▼ 大
花の香り	弱 ▼ 強
作出国	オランダ
作出	De Ruiter（京成バラ園芸）
年	2011 [日本]

Housakibeni
【ほうさき紅】

香りが強い巨大輪。外弁が大きく開花すると、シャクヤクのような乱れた咲き方に。花色は白に近い淡いピンクで花弁の先にやや強くピンクが入る。品種名は「頬にさす紅」というイメージで名付けられた。

5月撮影

花の大きさ	小 ▼ 大
花の香り	弱 ▼ 強
作出国	日本
作出	原園芸
年	2006

Poem

【ポエム】

透明感のある明るいピンクの花色で、小輪の剣弁高芯咲き。トゲが少なく、花付きが良い。

11月撮影

スプレー

花の大きさ 小 ――▼―― 大
花の香り なし
作出国 日本
作　出 柳澤俊男
年 1999

Hotshot

【ホットショット】

青みがかった濃いピンク。花弁の巻きが多い。剣弁高芯咲きだが、外弁の咲きはゆるやかなため日持ちが良い。花形が崩れずに長く持つ。

スタンダード

花の大きさ 小 ――――▼― 大
花の香り 弱 ――▼―― 強
作出国 オランダ
作　出 De Ruiter
　　　（京成バラ園芸）
年 2011［日本］

6月撮影

Hot Lady
【ホット レディ】

艶やかな光沢のある鮮やかなピンク色。大きな花弁は、透明感がある。トゲは少なく、茎には赤みがある。中心のしべが見えるほど開花しても花形が崩れない。日本未発表品種で、輸入品のみが流通している。

5月撮影

スタンダード　希少

花の大きさ　小 ——▼—— 大
花の香り　　弱 ▼———— 強
作出国　　　ドイツ
作　出　　　Tantau
　　　　　　（京成バラ園芸）
年　　　　　————

Bonheur
【ボヌール】

華やかなピンクの剣弁高芯咲き。花の大きさは中輪程度で小ぶり。花弁の裏は白みがかる。香りがあり、日持ちが良い。トゲは少ない。

スタンダード

花の大きさ　小 ——▼—— 大
花の香り　　弱 ——▼—— 強
作出国　　　オランダ
作　出　　　De Ruiter
　　　　　　（京成バラ園芸）
年　　　　　2005［日本］

9月撮影

Polvoron

【ポルボロン】

花形は丸く、詰まった花弁が特徴的な品種。外弁はグリーンが強く入り、花色は淡いアプリコットピンク。開花はゆっくりで日持ちが良い。濃いグリーンの照り葉に厚みがある。以前は'M-ポルボロン'の名前で流通していた。

スプレー
花の大きさ 小 ───▼─── 大
花の香り 弱 ▼─────── 強
作 出 国　日本
作　　出　メルヘンローズ
年　　　　2009

6月撮影

My Girl
【マイ ガール】

しっとりとした雰囲気の半剣弁高芯咲きの大輪。花は大きめ。トゲが少なく、日持ちが良い。ほんのりと香りがある。

2月撮影

スタンダード
花の大きさ 小 ＿＿＿▼＿ 大
花 の 香 り 弱 ▼＿＿＿＿ 強
作 出 国　オランダ
作　　出　Interplant
　　　　　（京成バラ園芸）
　年　　　2004 [日本]

Masaka
【馬沙葭】

品種名の読みは「まさか」。作出者の遊び心たっぷりのネーミング。ピンクの丸弁ロゼット咲きで、花の大きさは中輪程度。開きはゆるやかで咲き進んでも花形が崩れない。

スタンダード　生産者育種　希少
花の大きさ 小 ＿＿▼＿＿ 大
花 の 香 り 弱 ＿＿▼＿＿ 強
作 出 国　日本
作　　出　岡松ローズ
　年　　　2013

4月撮影

Majestic
【マジェスティック［ウープス］】

やや小ぶりな大輪で、ピンクのグラデーションが印象的な品種。剣弁高芯咲き。海外では 'Oops' の名前で発表されているため、輸入品は 'ウップス' や 'ウープス' の名前で流通している。

3月撮影

花の大きさ 小 ─────▼─ 大
花の香り 弱 ▼───── 強
作 出 国 オランダ
作　　出 De Ruiter
　　　　（京成バラ園芸）
年 2009［日本］

Majolica
【マジョリカ】

優しい印象の淡いアプリコットピンクの花色で、つぼみは細く、小輪のスプレータイプ。花弁の枚数は多くなく、咲き進むと平咲きになる。香りがある。

花の大きさ 小 ─▼───── 大
花の香り 弱 ──▼──── 強
作 出 国 ドイツ
作　　出 Tantau
　　　　（京成バラ園芸）
年 1988［日本］

9月撮影

Madame Figaro

【マダムフィガロ】

主にガーデンローズとして人気の高い芳香のある品種。切り花バラとしての生産量は極めて少ない。外側は白に近いが中心は桜色でマットな質感のカップ咲き。1枚の花弁が大きく、ふんわりと開く。

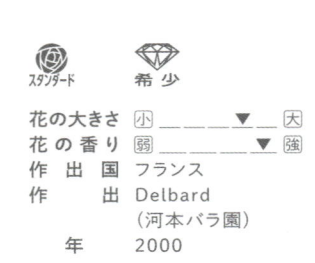

6月撮影

スタンダード　希少
花の大きさ　小 ＿＿＿▼＿ 大
花の香り　　弱 ＿＿＿▼＿ 強
作 出 国　フランス
作　　出　Delbard
　　　　　（河本バラ園）
年　　　　2000

Madka

【madka】

淡いピンクの花色、花弁は薄く繊細。開花した姿はカップが深い半剣弁ロゼット咲きだが、つぼみを見ただけではその姿は想像できない。甘い香りがある。

スタンダード　希少
花の大きさ　小 ＿＿▼＿＿ 大
花の香り　　弱 ＿＿▼＿＿ 強
作 出 国　日本
作　　出　今井ナーセリー
年　　　　2012

12月撮影

Maria TN

【マリアTN】

小さくフリルが入った丸いカップ咲きのスプレータイプ。花色は薄いアプリコットピンクで、外弁にはグリーンが入る。ほのかに香りがある。側枝が長い。TNは作出した種苗会社のイニシャルから。

3月撮影

スプレー

花の大きさ	小 ────▼──── 大
花の香り	弱 ──▼────── 強
作 出 国	オランダ
作　　出	Terra Nigra（オランダウェブ）
年	2005［日本］

Mariana

【マリアーナ】

淡いクリームピンクの丸弁カップ咲き。外弁がとても大きい。外側に大きく広がらないため、花形が崩れない。ティー香がある。

スタンダード

花の大きさ	小 ─────▼─── 大
花の香り	弱 ────▼──── 強
作 出 国	日本
作　　出	今井ナーセリー
年	2008

9月撮影

Marina
【マリーナ（ピンク）】

'ボルドー'の枝変わり品種。濃いピンクの花色で、花弁には透明感がある。剣弁高芯咲き。香りが良い。トゲは少なめ。

スタンダード
花の大きさ　小＿＿＿▼＿大
花の香り　　弱＿＿＿▼＿強
作 出 国　　ドイツ
作　　 出　　Kordes
　　　　　　（京成バラ園芸）
年　　　　　2009［日本］

3月撮影

Mariposa
【マリポーサ】

光沢のある鮮やかなローズピンクで、シャクヤクのような深いカップ咲き。咲き進むと外弁が大きく反り返っていく。花名はスペイン語で「蝶」を意味する。

スタンダード
花の大きさ　小＿＿▼＿＿大
花の香り　　弱＿▼＿＿＿強
作 出 国　　日本
作　　 出　　今井ナーセリー
年　　　　　2006

5月撮影

Mari Love

【マリラブ】

透き通るように繊細な、桜のような質感と花色で、シャクヤクのように存在感のある巨大輪。花弁にはフリルが入り、外弁はゆるやかに反り返るが、乱れるように開いていくことも。ロゼット咲き。香りはとても強いミルラ香。

スタンダード　希少

花の大きさ　小 ▼ 大
花の香り　弱 ▼ 強
作出国　日本
作　出　今井ナーセリー
年　　　2010

5月撮影

Mango Romantica

【マンゴー ロマンティカ】

鮮やかなピンクがかったオレンジで、丸いフォルムのロゼット咲き。色には個体差があり、よりオレンジが濃いことも。花弁の質感はマットで全開しても花形が崩れず、日持ちが良い。

スタンダード

花の大きさ　小 ▼ 大
花の香り　なし
作出国　フランス
作　出　Meilland
　　　　（京成バラ園芸）
年　　　2009［日本］

1月撮影

Misaki

【美咲】

3月撮影

つぼみは剣弁高芯咲きのようなフォルムだが、開花すると丸弁ロゼット咲きに。花弁は透明感のある淡いピンク色。開花した花は中心へいくほど花弁が細く短くなる。花弁の表面には輝きがあり、日持ちが良い。季節により、花弁の長さが変わる性質がある。香りが強い。

スタンダード　生産者育種　希少

花の大きさ　小 ______▼ 大
花の香り　弱 ______▼ 強
作出国　日本
作出　Rose Farm KEIJI
年　2008

Mystic+

【ミスティク+】

11月撮影

薄い肌色に近いクリームピンク。外弁にはグリーンが入る。花弁が大きく、優雅に開く剣弁高芯咲きの巨大輪。ほんのり甘い香りがある。LEX+ 社の巨大輪第 1 号の品種。

スタンダード　希少

花の大きさ　小 ______▼ 大
花の香り　弱 __▼____ 強
作出国　オランダ
作出　LEX+（國枝バラ園）
年　1998［日本］

Mystic Sara
【ミスティック サラ】

'サラ'（下巻）の枝変わり品種。つぼみのときからボリューム感があり、花付きも良い。花色はアプリコットピンクだが、季節によっては淡いベージュ系にもなる。特に高温期はオレンジが強く発色しやすい。

スプレー

花の大きさ　小 ___▼_____ 大
花の香り　　弱 ___▼_____ 強
作出国　　　オランダ
作　出　　　Interplant（京成バラ園芸）
　年　　　　2009 [日本]

11月撮影

Miss Piggy⁺
【ミスピギー⁺】

中心は明るいソフトオレンジで、外側はくすみのあるサーモンピンク。花弁は堅くしっかりしている。日持ちが良い。剣弁高芯咲き。

スタンダード

花の大きさ　小 _____▼__ 大
花の香り　　弱 ___▼_____ 強
作出国　　　オランダ
作　出　　　LEX⁺（國枝バラ園）
　年　　　　2010 [日本]

3月撮影

Mimi Eden
【ミミ エデン】

外側の花弁はグリーンがかった白、中心は透明感のあるピンクのカップ咲き。開花すると花芯が見える。発売当初からアンティーク調のスプレータイプとして人気を博した品種。日持ちがとても良い。

スプレー

花の大きさ　小 ___▼_____ 大
花の香り　　弱 ___▼_____ 強
作出国　　　フランス
作　出　　　Meilland（京成バラ園芸）
　年　　　　2000 [日本]

9月撮影

Miyako

【京】

京都の舞妓の髪飾りのようなイメージで育種した品種。ディープカップロゼット咲き。青みがかったピンクの花色で、丸いつぼみから、ふんわりと開花していく。開いてからも日持ちが良い。

3月撮影

花の大きさ 小 ▼ 大
花の香り 弱 ▼ 強
作出国 日本
作 出 Rose Farm KEIJI
年 2007

Miyabi

【雅】

外弁はしっとりとした艶やかさのあるピンク、中心はくすみのあるオレンジの独特な花色。半剣弁ロゼット咲きだが、カップは深くなく満開になると平咲きになる。

花の大きさ 小 ▼ 大
花の香り 弱 ▼ 強
作出国 日本
作 出 Rose Farm KEIJI
年 2013

7月撮影

Muscadet
【ミュスカデ】

シルバーがかった淡いピンクの花色。中輪の剣弁高芯咲き。品種名のミュスカデとは、フランスのロワール川付近で栽培される辛口な白ワインのこと。

3月撮影

花の大きさ 小 ____▼____ 大
花 の 香 り なし
作 出 国 オランダ
作　　出 Interplant
　　　　　（京成バラ園芸）
年　　　 2008［日本］

Miranda
【ミランダ】

優しいピンク色のイングリッシュローズ。ゆるやかに開花し、日持ちが良い。フルーティ香の繊細な香りがある。

スタンダード　希少

花の大きさ 小 ____▼__ 大
花の香り 弱 ▼_____ 強
作 出 国 イギリス
作　　出 David Austin
年　　　 2010［日本］

10月撮影

Milford Sound

【ミルフォードサウンド】

鮮やかなピンクのスプレータイプ。花弁の巻きは多く、外弁が大きく開くため、存在感がある。開花するとロゼット咲きに。最後まできちんと咲ききる。

5月撮影

スプレー　生産者育種　希少

花の大きさ　小 ▼ 大
花の香り　なし
作出国　日本
作　出　やぎバラ園
年　　　2013

Minteria

【ミンテリア】

透明感のある薄い花弁は、まるでアザレアのような柔らかさと質感。中心は青みがかった鮮やかなピンク、裏側は白。ピンクの濃淡の個体差が発生する。トゲがほとんどなく、萼が長め。盃状に開くが、外弁は大きく広がらない。

スタンダード

花の大きさ　小 ▼ 大
花の香り　弱 ▼ 強
作出国　日本
作　出　今井ナーセリー
年　　　2003

10月撮影

Messaiah!

【メサイア！】

鮮やかな透明感のあるピンクの剣弁高芯咲き。つぼみは細長い形であり、花弁が大きいため、ダイナミックに反り返る。葉は濃いグリーンの照り葉。

1月撮影

スタンダード

花の大きさ	小 ＿＿＿▼＿ 大
花の香り	弱 ▼＿＿＿ 強
作 出 国	オランダ
作　　出	Schreurs（メルヘンローズ）
年	2013 [日本]

Menage Pink

【メナージュピンク】

細い花弁で、レンゲに似た花形が特徴。澄んだピンクの花色で。トゲがほとんどない。'スタースイート'とは親品種'パーフェクトスイート'が同じため、よく似ているが異なる品種である。

スプレー　希少

花の大きさ	小 ＿＿▼＿＿＿ 大
花の香り	なし
作 出 国	日本
作　　出	今井ナーセリー
年	2010

2月撮影

Memoria

【メモリア】

ベビーピンクの丸弁カップ咲き。低温期は外弁に濃いピンクが差すが、高温期にはピンクが出ないことや個体差も大きい。トゲはとても少ない。'エミーラ'の枝変わり品種。

1月撮影

スプレー
花の大きさ 小 ___▼___ 大
花の香り 弱 ___▼___ 強
作 出 国 オランダ
作　　出 De Ruiter
　　　　（京成バラ園芸）
年　　　 2006［日本］

Memory

【メモリー】

'ボルドー'の枝変わり品種。同じ枝変わりである'マリーナ'よりも赤みが強く深い花色。花弁は堅くしっかりとしており、開きはゆるやかな剣弁高芯咲き。開きかけのときは中心の花色が一段階深い色になる。

スタンダード
花の大きさ 小 ___▼___ 大
花の香り 弱 _____▼_ 強
作 出 国 ドイツ
作　　出 Kordes
　　　　（京成バラ園芸）
年　　　 2010［日本］

12月撮影

Merry

【メリー】

小さくフリルの入った花弁で、巻きも多くボリューム感がある。中心がピンクで外側へいくほどグリーンがかったクリーム色になる。トゲがとても少ない。

4月撮影

スプレー　希少
花の大きさ　小 ──▼── 大
花の香り　弱 ──▼── 強
作出国　日本
作　出　──
年　──

Marchen Königin

【メルヘン ケニギン［メルヘン ケニゲン］】

透明感のある淡いピンクの剣弁高芯咲き。ガーデンローズの中でもよく知られている。切り花バラの生産量は希少。整った大輪で花弁には光沢がある。品種名はドイツ語で「おとぎ話の女王」。"メルヘン ケニゲン"と読まれることもある。

スタンダード　希少
花の大きさ　小 ──▼── 大
花の香り　弱 ──▼── 強
作出国　ドイツ
作　出　Kordes
　　　　（京成バラ園芸）
年　　　1989

6月撮影

Mokomoko
【もこもこ】

花弁の裏にくっきりと明るいグリーンが入り、花弁が詰まった丸い花形が特徴的。咲いてくる様子がモコモコとしていたので、名付けられた。花色は淡いピンクから季節によってはかなり白くなる。主に関西圏を中心に流通している。

スタンダード 生産者育種 希少
花の大きさ 小 _____▼___ 大
花 の 香 り　なし
作 出 国　日本
作　　 出　岡松ローズ
年　　　　2011

11月撮影

Mon amour

【モナムール】

名前はフランス語で恋人を呼ぶ時の「あなた」と呼びかける言葉から。つぼみのときは高芯咲き状だが咲き進むとロゼット咲きに。透明感のある甘いピンクでやや強めのフルーティ香に近い香りがある。高温期は、カップ咲きが少し曖昧になる傾向に。

5月撮影

スタンダード　希少

花の大きさ　小 ──▼── 大
花の香り　　弱 ──▼── 強
作 出 国　　日本
作　　出　　今井ナーセリー
年　　　　　2006

Mondo⁺

【モンド⁺】

'アマダ⁺'の枝変わり品種。鮮やかで艶のある濃いピンクの花色。巻きは多く、ゆるやかに咲いていく。トゲが少ない。

スタンダード

花の大きさ　小 ──▼── 大
花の香り　　なし
作 出 国　　オランダ
作　　出　　LEX⁺
　　　　　　（國枝バラ園）
年　　　　　2011 [日本]

2月撮影

Jana
【ヤーナ】

薄いクリームピンクのスプレータイプで、クリーム色が強くなることもある。半剣弁高芯咲き。ほんのり香る。花弁の質感がしっとりとしている。

5月撮影

スプレー
- 花の大きさ 小 ___▼_____ 大
- 花の香り 弱 ___▼_____ 強
- 作 出 国 オランダ
- 作 出 Interplant（京成バラ園芸）
- 年 2002 [日本]

Yamatonadesiko
【やまとなでしこ】

澄んだ淡いピンク色の、柔らかく繊細な花弁を持つ。1枚の花弁は大きいので、枚数は多くないが、開花すると存在感が増す。愛知県JAひまわりのオリジナル品種。

スプレー 生産者育種 希少
- 花の大きさ 小 ___▼_____ 大
- 花の香り 弱 ___▼_____ 強
- 作 出 国 日本
- 作 出 JAひまわり
- 年 2006

11月撮影

Yuuai

【由愛】

'ヒカル'の枝変わり。艶やかな濃いピンクの花色。花弁は艶やかな光沢がある。カップ咲きで、花弁の先端が小さく尖っていて、それが開花すると飛び出しているように見える。

1月撮影

スタンダード

花の大きさ	小 ▼ 大
花の香り	弱 ▼ 強
作出国	日本
作　出	今井ナーセリー
年	2008

Yuzen

【友禅】

つぼみは赤っぽく開花するにつれ、紫ピンクの色が強くなる。低温期はクォーターロゼットに。茎がしっかりとしていて、葉もワイルドな印象。つぼみからゆっくりと開いていく変化を楽しめる。トゲが鋭い。

スタンダード　生産者育種　希少

花の大きさ	小 ▼ 大
花の香り	弱 ▼ 強
作出国	日本
作　出	Rose Farm KEIJI
年	2008

3月撮影

Yukacup
【ユカカップ】

大輪の丸弁ロゼット咲き。花色は透明感のある薄いピンクで、中心はやや濃い色だが、開花が進むと薄くなっていく。香りがとても良い。

3月撮影

スタンダード
花の大きさ　小 ＿＿＿▼＿ 大
花の香り　　弱 ＿＿＿＿▼ 強
作 出 国　　日本
作　　出　　今井ナーセリー
年　　　　　2006

Universe
【ユニバース】

巻きが多く、存在感のある巨大輪。柔らかな薄いピンク。開花は非常にゆるやかで、日持ちがとても良い。

スタンダード
花の大きさ　小 ＿＿＿＿▼ 大
花の香り　　弱 ＿▼＿＿＿ 強
作 出 国　　オランダ
作　　出　　Olij Rozen
　　　　　　（京成バラ園芸）
年　　　　　2005 [日本]

3月撮影

Yoshinozakura

【吉野桜】

香りの良いスプレータイプ。落ち着いたやや青みがかるライラックピンク。咲きはゆっくり。花弁はとても堅い。桜のような花の印象と奈良の吉野で生まれたことから、名付けられた。関西圏を中心に流通。

10月撮影

スプレー　生産者育種　希少
花の大きさ　小 ____▼____ 大
花の香り　　弱 ____▼____ 強
作 出 国　日本
作　　出　梅本バラ園
　年　　　2013

Yome ni Kansha

【嫁に感謝】

外弁は水彩のような薄いピンク、花弁の表は白に近いほんのりとしたピンクで花弁は薄い。ゆるやかなフリルが入り、中心は抱え咲き。関西圏を中心に流通。

スタンダード　生産者育種　希少
花の大きさ　小 ____▼____ 大
花の香り　　弱 ▼_____ 強
作 出 国　日本
作　　出　岡松ローズ
　年　　　2012

4月撮影

La Chance

【ラ・シャンス】

コーラルピンクのディープカップロゼット咲き。品種名は、「幸せだね！」という意味のフランス語。雑誌の公募で命名された。

9月撮影

スタンダード

花の大きさ 小 ──────▼─ 大
花の香り 弱 ─────▼── 強
作 出 国 日本
作　　出 今井ナーセリー
年 2008

La Gioconda

【ラ・ジョコンダ】

品種名は絵画のモナリザのフランス語名。卵のようなつぼみの形が独特。外弁はグリーンが入ったクリーム色、中心は透明感のあるアプリコットがかったソフトピンク。ゆっくりと中心が顔をのぞかせるように咲く。カップが深く、開花しても花形が崩れない。とても香りが強い。

スタンダード

花の大きさ 小 ──────▼─ 大
花の香り 弱 ───────▼ 強
作 出 国 日本
作　　出 今井ナーセリー
年 2009

1月撮影

La Seine!
【ラ・セーヌ！】

薄いピンクで、中心はややピンクが強い。開花が進むほど、色が抜けて白くなる。ボリューム感のある草姿。'パリ！'の枝変わり。やや小ぶりな中輪。

1月撮影

スプレー
花の大きさ　小 ___▼___ 大
花の香り　　弱 ___▼___ 強
作 出 国　オランダ
作　　出　Schreurs
　　　　　（メルヘンローズ）
年　　　　2000［日本］

Layla+
【ライラ+】

青みのある鮮やかなピンクの花色で、花弁には艶がある。剣弁高芯咲きで巻きが多く、開きはゆるやか。花弁が大きいため開くとさらにゴージャスに。

スタンダード
花の大きさ　小 ___▼___ 大
花の香り　なし
作 出 国　オランダ
作　　出　LEX+
　　　　　（國枝バラ園）
年　　　　2013［日本］

2月撮影

Luxuria!
【ラグジュリア！】

マットな質感のピンクの大輪。剣弁高芯咲きでゆるやかに開き、日持ちが良い。ほんのりと香りがある。

6月撮影

花の大きさ 小 ＿＿＿▼＿ 大
花 の 香 り 弱 ＿＿▼＿＿ 強
作 出 国 オランダ
作　　出 Schreurs
　　　　（メルヘンローズ）
年 2011［日本］

Rustique
【ラスティック】

花色はグリーンが強く入る、くすみのある淡いサーモンピンク。ベージュ系に似た色。花弁の裏はやや ピンクが強い。整った半剣弁高芯咲きで、開花した花形も整っている。季節や生産地により花色の個体差がある。

花の大きさ 小 ＿＿＿▼＿ 大
花 の 香 り 弱 ＿＿▼＿＿ 強
作 出 国 オランダ
作　　出 Preesman
　　　　（メルヘンローズ）
年 2000［日本］

10月撮影

La Soie
【ラソワ】

繊細な質感の花弁を持つスプレータイプ。つぼみの状態は外弁はグリーンが強く入り、開花が進むとクリーム系にほのかなピンクが入る色になる。丸弁のカップ咲き。花弁の枚数は平均100枚以上と多く、詰まった印象。甘い香りがある。

2月撮影

スプレー
花の大きさ 小 ──▼── 大
花の香り 弱 ──▼── 強
作 出 国 日本
作　　出 徳永和宏
　　　　（メルヘンローズ）
年　　　　2012

La Duchesse
【ラデュセス】

鮮やかな濃いピンク。花弁に光沢があり、質感が美しい。花弁は開花すると反り返ってくるが、あまり大きく広がらない。

3月撮影

スタンダード
花の大きさ 小 ────▼ 大
花の香り 弱 ▼──── 強
作 出 国 オランダ
作　　出 Terra Nigra
　　　　（オランダウェブ）
年　　　　2009［日本］

Loving Heart

【ラビング ハート】

花色は赤みの強いピンク。花弁にビロードのような光沢があり、質感が独特。ゆるやかに開いていく剣弁高芯咲き。トゲがとても少ない。

花の大きさ　小 ＿＿＿▼＿ 大
花 の 香 り　弱 ＿＿▼＿＿ 強
作 出 国　オランダ
作　　 出　De Ruiter
　　　　　（京成バラ園芸）
　 年　　　2011 [日本]

Lovely Foundation

【ラブリー ファンデーション】

'アプリコット ファンデーション'の枝変わり品種。花形は丸みを帯びているが、外弁はわずかに反り返る半剣弁抱え咲きで、全開しにくい。色は淡いピンク。香りが良く、トゲがほとんどない。

花の大きさ　小 ＿＿＿▼＿ 大
花 の 香 り　弱 ＿＿＿▼＿ 強
作 出 国　ドイツ
作　　 出　Tantau
　　　　　（京成バラ園芸）
　 年　　　2011 [日本]

Lovely Lydia

【ラブリー リディア】

'リディア'の枝変わり品種。鮮やかなピンクの小輪の、剣弁高芯咲きのスプレータイプ。ボリューム感があり、長く親しまれている品種のひとつ。

2月撮影

スプレー
花の大きさ 小 ▼ 大
花の香り 弱 ▼ 強
作出国 オランダ
作 出 Interplant
　　　　（京成バラ園芸）
年 1997［日本］

La Pretty

【ラプリティ】

明るい桃色のスプレータイプ。花弁の枚数は多くないが、外弁が丸く大きくなり、きれいな形を保ったまま楽しめる。季節により花弁のフリルの強さが異なる。照り葉。

スプレー
花の大きさ 小 ▼ 大
花の香り 弱 ▼ 強
作出国 日本
作 出 今井ナーセリー
年 2011

9月撮影

La Bella
【ラ ベーラ】

外弁がはらりと開いていく半剣弁高芯咲き。外はグリーンが強く入った淡いピンク、内側の花弁は淡いピンクで、開花するにつれてピンクが強くなる。国内未発売品種のため、アフリカ産が流通している。日持ちがとても良い。

10月撮影

スタンダード
花の大きさ 小 ＿＿＿▼＿ 大
花の香り 弱 ▼＿＿＿＿ 強
作出国 ドイツ
作　出 Kordes
　　　（京成バラ園芸）
年　　　＿＿＿＿

L'amour mutuel
【ラムール・ミュテュエル】

名前はフランス語で「相思相愛」の意味。つぼみから咲き始めはサーモン色が強く、咲き進むと青みを帯びたピンクのシャローカップ咲きに。大きく咲き進むと徐々に平らになり、ポンポン咲きのように咲ききる。香りはやや軽い。

4月撮影

スタンダード　希少
花の大きさ 小 ＿＿▼＿ 大
花の香り 弱 ＿▼＿＿ 強
作出国 日本
作　出 エトル・ファシネ
年　　 2013

Riko Ma Chérie

【リコ・マシェリ】

ピンクの剣弁高芯咲き。季節によってピンクの濃淡が異なる。花弁は透け感があり、光の様子で印象が変わる。低温期は発色が良いが、高温期はやや薄いピンクになる。フルーティな香りがある。

3月撮影

花の大きさ	小 ――――▼―― 大
花の香り	弱 ――▼―――― 強
作出国	日本
作出	後藤バラ園
年	2013

Liza

【リザ】

淡いピンクのぼかしたような花色が独特。花弁は強くフリルが入った深めのカップ咲き。ボリューム感のある中輪。弁数は多くなく、しべが見えるまで開花する。とても香りが良い。トゲがほとんどない。

4月撮影

花の大きさ	小 ――▼―― 大
花の香り	弱 ――▼―― 強
作出国	日本
作出	興里農場
年	2014

Recital
【リサイタル［ビューティーフラワー］】

盃状に大きく咲く存在感のある品種。花色は透明感のある華やかなピンクで、花弁の裏側は白。花弁には小さなフリンジが入っている。トゲがほとんどない。'ビューティーフラワー'の名前でも流通している。

4月撮影

スタンダード

花の大きさ　小 _____▼___ 大
花の香り　　弱 ___▼_____ 強
作 出 国　日本
作　　出　今井ナーセリー
年　　　　2005

Lip Peaks
【リップピークス】

'ピークス'の枝変わりで、花弁の先端のピンク色から名付けられた。花弁の裏側が白いため、反り返るとバイカラーのような印象に。関西圏を中心に流通している。

スタンダード　生産者育種　希少

花の大きさ　小 ___▼_____ 大
花の香り　なし
作 出 国　日本
作　　出　梅本バラ園
年　　　　2011

10月撮影

Lydia
【リディア】

淡いサーモンピンクの花色の、小輪の半剣弁咲き。小さなつぼみからきれいに開花する。花付きが良く、日持ちも良いため、長く愛されている品種のひとつ。

6月撮影

スプレー
花の大きさ　小 ▼────── 大
花の香り　　弱 ▼────── 強
作 出 国　オランダ
作　　出　Interplant
　　　　　（京成バラ園芸）
年　　　　1994 [日本]

Little Woods
【リトルウッズ】

極小輪のスプレータイプ。全体の長さが一般的な切り花バラよりも短く、茎も細い。枝が多く分かれ、ボリューム感がある。小さく可愛らしい花で人気品種だが、作出者などの詳細は不明。

スプレー
花の大きさ　小 ▼────── 大
花の香り　　なし
作 出 国　──
作　　出　──
年　　　　──

2月撮影

Revival
【リバイバル】

剣弁高芯咲きでかなりボリューム感がある。青みがかったピンクの花色で、外弁にはほんのりグリーンが入る。

7月撮影

スタンダード
花の大きさ 小 _____▼__ 大
花の香り 弱 __▼____ 強
作出国 ドイツ
作 出 Tantau
　　　（京成バラ園芸）
年　　2007 [日本]

Libertad
【リベルタ】

はっきりとしたピンクの大輪。剣弁高芯咲きで整った花形。トゲが少ないため扱いやすい。日持ちが良い。

スタンダード
花の大きさ 小 ▼_____ 大
花の香り なし
作出国 ドイツ
作 出 Tantau
　　　（京成バラ園芸）
年　　2013 [日本]

2月撮影

Remembrance

【リメンブランス】

花自体はどっしりとしたタイプの大輪の剣弁高芯咲き。花色はピンクが強めのライラックピンク。外側へ淡いグラデーションになっている。花弁の先が尖っているのが特徴。トゲがとても少ない。

2月撮影

スタンダード
- 花の大きさ　小 ＿＿＿▼＿大
- 花の香り　　弱 ▼＿＿＿＿強
- 作 出 国　オランダ
- 作　　出　De Ruiter
　　　　　　（京成バラ園芸）
- 年　　　　2008 [日本]

Limo

【リモ】

白に近い花弁の先端にふんわりと淡いピンクが入る。つぼみがとても大きく、花弁が外側から1枚ずつゆっくりと開いていく。透明感があり、開花するとかなり大きな花になる。

5月撮影

スタンダード
- 花の大きさ　小 ＿＿＿▼＿大
- 花の香り　　弱 ▼＿＿＿＿強
- 作 出 国　オランダ
- 作　　出　JAN SPEK ROZEN
　　　　　　（河本バラ園）
- 年　　　　2005 [日本]

Lily

【リリー】

つぼみはまるでラナンキュラスのような形で花色は紅色。ゆっくりと咲く、淡いピンクにフリルが入った透明感のある花。中心はつぼみのときのままであまり変化がない個性的な品種。

4月撮影

スプレー　生産者育種　希　少
花の大きさ　小 ____▼____ 大
花の香り　なし
作出国　日本
作　出　興里農場
年　　　2014

Ririka

【リリカ】

以前は'ユニークネオアンティークラブ'という名前で流通していた。やや小ぶりな中輪の丸弁ロゼット咲き。花色は外側は薄いアプリコットピンクで、中心はより濃くなる。甘い香りがわずかにある。

スプレー
花の大きさ　小 ____▼____ 大
花の香り　弱 ▼_____ 強
作出国　日本
作　出　今井ナーセリー
年　　　2013

4月撮影

Rouge de Parfum

【ルージュ・ドゥ・パルファム】

'イブピアッチェ'の枝変わり。紫がかった濃いピンクの花色。つぼみは丸く、花弁を抱え込んだような形。ふんわりとシャクヤクのように咲き、開花するとしべが見える。花弁が柔らかで繊細。香りが強い。

スタンダード　生産者育種　希少

花の大きさ	小 ___▼___ 大
花の香り	弱 ___▼___ 強
作出国	日本
作出	ARF
年	2008

11月撮影

Ruelle rue de mémoire

【ルエル・ド・メモワール】

名前はフランス語で「思い出の小路」の意味。ベビーピンクの花色に縁に少し濃いめのピンクが差す。咲き進むにつれ柔らかみのあるクリーミーピンクのカップ咲きに。ブルー系の香りがほのかに漂う。高温期は花の大きさはやや小ぶりになり、花色は淡くなる。

4月撮影

スタンダード　希少

花の大きさ	小 _____▼__ 大
花の香り	弱 _____▼__ 強
作出国	日本
作出	今井ナーセリー
年	2005

Luna Pink

【ルナピンク】

かなり強いフリルが入る波状弁のスプレー。乱れるように咲いていく個性的な花形。花弁はオレンジがかった淡いピンクで、裏側は白い。

スプレー

花の大きさ	小 __▼_____ 大
花の香り	なし
作出国	日本
作出	徳永和宏（メルヘンローズ）
年	2009

2月撮影

Renom
【ルノン】

名前はフランス語で「名声」の意味。鮮やかなローズピンクの剣弁高芯咲き。厚みのある花弁で開花はやや早め。高温期は色の深みがやや浅くなるが、咲き進むと元の深みのある色合いに。

5月撮影

花の大きさ 小 ──────▼ 大
花の香り 弱 ▼────── 強
作 出 国 日本
作　　出 今井ナーセリー
年　　　 2005

Louange
【ルワンジェ】

名前はフランス語で「賞賛」の意味。濃厚で深みのある濃いピンクでディープカップ咲き。ゆっくりと咲き進み、香りは薄いティー香。低温期では咲ききると驚くほど花が大きく、高温期でも十分な大きさを保つ。日持ちは格段に良い。

花の大きさ 小 ──────▼ 大
花の香り 弱 ───▼── 強
作 出 国 日本
作　　出 エトル・ファシネ
年　　　 2011

5月撮影

L'esprit de fille

【レスプリ・ド・フィーユ】

名前はフランス語で「乙女心」の意味。ダマスク系の香りが非常に強く香る。外弁はクリームから薄まり白に近くなり、中心は淡いピンクのグラデーションのシャローカップ咲き。高温期ではやや花色が淡くなる傾向に。咲いてからの花持ちは非常に良い。

4月撮影

スタンダード　希少
花の大きさ　小 ▼ 大
花の香り　弱 ▼ 強
作出国　日本
作出　エトル・ファシネ
年　2012

Lady Chapel

【レディ チャペル】

ほんのりとアプリコットがかった淡いピンクの花色。半剣弁ロゼット咲き。花は大きくカップも深いので、ボリューム感がある。香りがとても良い。開花する前の花の状態（写真中央）との変化が大きい。トゲは少なめ。

開花時

4月撮影

スタンダード
花の大きさ　小 ▼ 大
花の香り　弱 ▼ 強
作出国　フランス
作出　Meilland
　　　（京成バラ園芸）
年　2008［日本］

Rephrase

【レフレーズ】

香りがとても良い大輪のロゼット咲き。花弁はベビーピンクで透き通るような質感で、外弁はかなり白くフリルがかっている。

5月撮影

花の大きさ 小 ▼ 大
花の香り 弱 ▼ 強
作 出 国　日本
作　　出　やぎバラ園
年　　　　2013

Royal Wedding

【ロイヤルウェディング】

外弁が鮮やかな蛍光ピンク、花弁の裏はマットで黄色が入る。花の中心にはオレンジ色が入り、開花するにつれてピンクからオレンジに変化する。香りが良い。花弁がとても大きい。

花の大きさ 小 ▼ 大
花の香り 弱 ▼ 強
作 出 国　オランダ
作　　出　JAN SPEK ROZEN
　　　　　（河本バラ園）
年

11月撮影

Royal Prophyta

【ロイヤル プロフィッタ】

透明感のあるソフトピンクの半剣弁高芯咲き。開花はゆるやかで、日持ちが良い。以前に日本で流通していた濃いローズピンクの同名品種とは異なる。こちらは国内未発表品種で、アフリカ産などが流通している。

5月撮影

スタンダード

花の大きさ 小 ___▼__ 大
花の香り 弱 _▼___ 強
作出国 オランダ
作 出 De Ruiter （京成バラ園芸）
年

Rose à lèvres

【ローズ・ア・レーヴル】

淡いピンクの小輪のスプレータイプ。花弁の裏は白く、グリーンがかっているため横から見ると複色のように見える。外弁が大きく開くが中の花弁はさほど広がらずに、花芯が見えてくる。品種名はフランス語で「バラ色の唇」。

スプレー　希少

花の大きさ 小 _▼____ 大
花の香り なし
作出国 日本
作 出 今井ナーセリー
年 2013

12月撮影

Rose Megu
【ローズ メグ】

チェリーピンクの花色の剣弁高芯咲き。かつて流通していた'オーランド'という品種の枝変わり。花弁の枚数は多くないが、咲きはゆるやかで、日持ちが良い。

2月撮影

花の大きさ	小 ▼ 大
花の香り	弱 ▼ 強
作 出 国	オランダ
作 出	Interplant（京成バラ園芸）
年	1999 [日本]

Lola
【ローラ】

赤みのあるピンクの珍しい花色。半剣弁高芯咲き。日持ちはとても良い。枝変わり品種に'ファンシーローラ'がある。

花の大きさ	小 ▼ 大
花の香り	弱 ▼ 強
作 出 国	オランダ
作 出	Interplant（京成バラ園芸）
年	2002 [日本]

5月撮影

Rosita Vendela

【ロジータ ベンデラ】

'ベンデラ'（下巻）の枝変わり品種。青みがある鮮やかなピンクの花色で、花弁の先には白い縁取りが入る。剣弁高芯咲きで、つぼみのときからボリューム感がある。花弁に花脈がはっきりと出る。香りが良い。

10月撮影

花の大きさ　小　＿＿＿▼＿大
花の香り　　弱　＿＿＿▼＿強
作 出 国　ドイツ
作　　出　Tantau
　　　　　（京成バラ園芸）
年　　　　2002［日本］

Romantic Antike

【ロマンティック アンティーク】

外側の花色はピンク、中心はオレンジの強いアプリコットオレンジだが、色幅の個体差が大きい。半剣弁ロゼット咲き。'キャラメル アンティーク'（下巻）の枝変わり品種。

花の大きさ　小　＿＿＿▼＿大
花の香り　　弱　＿＿＿▼＿強
作 出 国　ドイツ
作　　出　Kordes
　　　　　（京成バラ園芸）
年　　　　2010［日本］

7月撮影

Romantic Angel
【ロマンティックエンジェル】

淡いピンクの花色に、透明感とロウのような光沢のある花弁。外弁にはグリーンとフリルが強く入り、大きく巻くように反り返る。開花すると大きくなる。トゲがほとんどない。

11月撮影

スタンダード
花の大きさ 小 ───▼── 大
花の香り 弱 ─▼──── 強
作 出 国 日本
作　　出 今井ナーセリー
年　　　 2000

Romantic Lace
【ロマンティック レース】

'アンティークレース'（下巻）の枝変わり品種。親品種同様の花形で、花色はアプリコットピンク、外弁にはグリーンが強く入る。波状弁抱え咲き。

スプレー
花の大きさ 小 ───▼── 大
花の香り 弱 ────▼─ 強
作 出 国 オランダ
作　　出 De Ruiter
　　　　（京成バラ園芸）
年　　　 2007［日本］

1月撮影

Wild Thing
【ワイルド シング】

赤みの強いピンクの花色の大輪。開きはゆるやかで、開花しても外弁は大きく広がらない。ほんのり香りがある。アフリカ産が多く出回っており、現在のところ日本では栽培されていない。

9月撮影

スタンダード

花の大きさ　小 ____▼____ 大
花の香り　　弱 ▼_____ 強
作 出 国　オランダ
作　　出　De Ruiter
　　　　　（京成バラ園芸）
年　　　————

Waka
【和花】

しなやかなステムを持つ。花弁数が少ないが外弁は大きく、ふんわりと開くスプレータイプ。花色はやや紫が強めのピンクで、質感はマット。

スプレー　生産者育種　希少

花の大きさ　小 ____▼____ 大
花の香り　　なし
作 出 国　日本
作　　出　Rose Farm KEIJI
年　　　　2009

11月撮影

Wham
【ワム】

ライラックピンクの剣弁高芯咲き。花弁の先端が少し白く、外弁には緑が入る。香りが良く、日持ちは良い。

5月撮影

スタンダード

花の大きさ 小 ▼ 大
花の香り 弱 ▼ 強
作出国 オランダ
作 出 De Ruiter
（京成バラ園芸）
年 2010［日本］

Waltz
【ワルツ】

踊るように咲く花弁の動きから命名された。はっとする鮮やかなコーラルピンクの花色で、大きくフリルが入る。季節によりフリルの強弱に差がある。甘い香り。

スプレー 生産者育種 希少

花の大きさ 小 ▼ 大
花の香り 弱 ▼ 強
作出国 日本
作 出 原園芸
年 2008

1月撮影

Column

庭のバラを楽しむように…

　静岡県三島市でバラを育種し、生産する市川バラ園。日本の切り花バラのパイオニアとして、数々のロゼット咲きやカップ咲きなどの新品種を生み出し、剣弁高芯咲きのバラが中心の時代から新しい提案をしている。そんな市川バラ園が 2006 年に発表した'ジャルダン・パフューメ'と 2009 年に発表した'ジャルダン・アラ・クレム'。いずれも"バラ庭から摘んできた花束"がコンセプト。いくつもの品種を合わせて出荷しており、品種名というより商品名。「庭バラが私の師匠だよ」と話す市川バラ園の市川恵一氏の新しい試みでもある。

　フランス語での命名は日本在住のフランス人フローラルデザイナーであるローラン・ボーニッシュ氏。市川氏のバラに感動し、"薫る庭"という意味のフランス語を名付けた。'ジャルダン・パフューメ'は、薄いピンクからローズカラーまでのシックなカラーグラデーション。一方、'ジャルダン・アラ・クレム'はパステルカラーが美しいクリーム系の花色の組み合わせ。いずれも、まだ名がない生まれたばかりの新しい品種が加わったり、長年人気の花色は改めて名前がつけられ、独立してデビューしたりと、花の組み合わせは固定されていない。品質もそのときの花の状態が良いものを優先して出荷している。品種にこだわらず、そのときに美しいバラを飾る、まさしく庭から摘んできたような贅沢な楽しみ方の提案である。

Jardin Parfume
【ジャルダン・パフューメ】

Jardan a la Creme
【ジャルダン・アラ・クレム】

バイカラー［にしょく］
Bi-Color

Aries⁺

【アーリエス⁺】

外側が鮮やかなピンクで、中心はソフトなアプリコットカラー。花弁は大きめのフリルが入り、優雅に波打ち開いていく。

スタンダード

花の大きさ 小 ――――▼― 大
花の香り 弱 ―――▼―― 強
作 出 国　オランダ
作　　出　LEX⁺（國枝バラ園）
年　　　　2013［日本］

2月撮影

Amélie

【アメリー】

白い花弁にぽんやりとピンクがかった花色だが、濃淡の個体差は大きい。半剣弁ロゼット咲き。つぼみのときは外弁にグリーンが強く入る。開花し花芯が見えてからも日持ちが良い。ほんのり香りがある。トゲがほとんどない。

4月撮影

花の大きさ 小 ▼ 大
花の香り 弱 ▼ 強
作出国 日本
作出 興里農場
年 2014

Arrow Folies

【アロー フォリーズ】

小輪の半剣弁咲きのスプレータイプ。ワインレッドに、薄いピンクの絞りが入る。絞りの入り方などに個体差があまりない。花弁には光沢がある。

花の大きさ 小 ▼ 大
花の香り 弱 ▼ 強
作出国 オランダ
作出 モアハイム
　　　（京成バラ園芸）
年 2005 [日本]

7月撮影

Ichika

【イチカ】

白地に鮮やかな濃いピンクの縁取りが入る。花弁の枚数は多くないが、フリルの入った外弁が大きく開き、開花すると存在感を増す。ほんのりと香りがある。

3月撮影

花の大きさ　小 ____▼__ 大
花の香り　　弱 __▼____ 強
作 出 国　　日本
作　　出　　後藤バラ園
　年　　　　2006

Wind Cherry

【ウィンドチェリー】

白地に濃いピンクの縁取りが入った剣弁高芯咲き。つぼみの段階では外弁にグリーンが入る。葉は濃いグリーンで厚みがあり、トゲがほとんどない。縁のピンクは濃淡の個体差が大きい。わずかに香りがある。

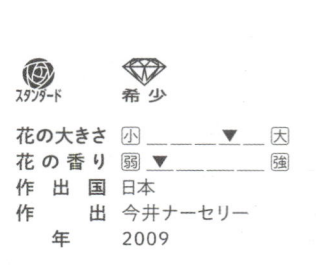

5月撮影

花の大きさ　小 ____▼__ 大
花の香り　　弱 __▼____ 強
作 出 国　　日本
作　　出　　今井ナーセリー
　年　　　　2009

Espérance

【エスペランス［エスペランサ］】

国内では'エスペランス'の品種名で発表されたが、海外での生産も多く、輸入品は'エスペランサ'という品種名で流通している。外弁はグリーン、内側は白地に鮮やかなピンクで縁取られている。花弁の巻きは多く、花も大きい。特に南米産は高温期でも花が充実しているため人気がある。

10月撮影

花の大きさ　小 ────▼ 大
花の香り　　弱 ▼──── 強
作 出 国　　オランダ
作 　 出　　De Ruiter
　　　　　　（京成バラ園芸）
年　　　　　2002［日本］

Guardian+

【ガーディアン+】

白地に赤みが強いピンクが入る覆輪。花弁にはフリルが入る。剣弁高芯咲きで、外弁にはグリーンが差す。つぼみのときは縁は赤黒く、開花すると明るい色になる。地の色も花の中心は黄色みを帯びる。わずかに香りがある。

スタンダード　希少

花の大きさ　小 ────▼ 大
花の香り　　弱 ▼──── 強
作 出 国　　オランダ
作 　 出　　LEX+
　　　　　　（國枝バラ園）
年　　　　　2011［日本］

5月撮影

Carousel

【カルーセル】

写真のカルーセルは栽培圃場内で開花させたタイプ。通常は白地に赤の覆輪。圃場で開花させることで、花弁はグリーンになり、縁は濃いピンクになる。圃場で長い期間咲かせるため、いたみなども生じやすく、生産量は少ない。

スタンダード　希少
花の大きさ　小 ▼ 大
花の香り　弱 ▼ 強
作出国　ドイツ
作　出　Kordes
　　　　（京成バラ園芸）
年　　　2003［日本］

Candle

【キャンドル】

裏側は白、表は濃い赤の小輪のスプレータイプ。花弁には光沢がある。花弁の先端が尖っているため、開くとギザギザした表情になる。

スプレー
花の大きさ　小 ▼ 大
花の香り　弱 ▼ 強
作出国　日本
作　出　横田禎二
年

Crazy Two

【クレイジートゥ】

甘い香りのある濃いピンクの絞り咲き。絞りの色は白、クリーム、淡いピンクと季節や個体によって大きく異なる。外弁が開花するにつれ、花全体が大きく開く。花弁には光沢があり、豪華。花弁の枚数は多くなく、開花は早め。

スタンダード

花の大きさ　小 _____▼_____ 大
花の香り　　弱 _____▼_____ 強
作出国　　　フランス
作　出　　　Delbard（河本バラ園）
年　　　　　2007［日本］

Global Water
【グローバル ウォーター】

淡いライラックピンクの地色に、濃いピンクが外弁や縁に入る大輪種。花弁には小さくフリルが入る。開きはゆるやか。トゲは少ない。葉の色はかなり深い緑で照りがある。国内未発表品種のため、輸入品が流通している。

4月撮影

スタンダード

花の大きさ	小 ────▼── 大
花の香り	弱 ▼──── 強
作 出 国	ドイツ
作　　出	Tantau
	（京成バラ園芸）
年	2013

Konfetti
【コンフィティ】

黄色の花弁の縁に赤が入る。やや小ぶりの大輪品種。赤の色みは個体差が大きく、色の濃淡や色幅のばらつきも大きい。甘い香りがある。剣弁高芯咲きで美しく開花する。

スタンダード　希少

花の大きさ	小 ───▼─── 大
花の香り	弱 ───▼── 強
作 出 国	ドイツ
作　　出	Tantau
	（京成バラ園芸）
年	1980

6月撮影

J-Flashdance

【J-フラッシュダンス】

白い花弁の先をチェリーピンクが彩る。花弁にはギザギザとしたフリルが入り、開花する様子はチューリップの八重咲きのよう。名前が表すように、にぎやかな咲き方。

9月撮影

スプレー　希少

花の大きさ　小 ___▼___ 大
花の香り　なし
作出国　日本
作　出　メルヘンローズ
　　　　（大田花き）
年　　　2012

J-Mothercake

【J-マザーケーキ】

花弁は白地に濃い、グリーンで中心がピンク色のバイカラー。花弁の枚数は多く、つぼみ丸い。開花はゆるやか。グリーンからピンクへのグラデーションが美しいロゼット咲き。ピンクの色みは濃淡の個体差がある。

スタンダード　希少

花の大きさ　小 ___▼___ 大
花の香り　なし
作出国　日本
作　出　メルヘンローズ
　　　　（大田花き）
年　　　2011

9月撮影

Silhouette

【シルエット（輸入）】

主にアフリカで生産された品種が流通している。白地に赤みのあるピンクの縁取りがはっきりと入り、発色には個体差がある。花弁には透け感がある。咲きはゆるやか。

スタンダード

花 の 大 き さ 　小 ____▼____ 大
花 の 香 り 　なし
作 出 国 　オランダ
作　　　出 　JAN SPEK ROSEN（河本バラ園）
　　　年 　————

10月撮影

Sweetness

【スウィートネス（輸入）】

同名品種があるが、こちらは海外で発表された新しい'スウィートネス'。日本国内では生産されていない。白い地に赤みの強いピンクの複色。花は大きく、巻きも多い。開花はゆるやか。

スタンダード

花 の 大 き さ 　小 _____▼ 大
花 の 香 り 　弱 __▼____ 強
作 出 国 　ドイツ
作　　　出 　Tantau（京成バラ園芸）
　　　年 　2008

5月撮影

Strawberry Momroe Walk

【ストロベリーモンローウォーク】

'モンローウォーク'（下巻）を特別な栽培方法で花色を変えている。色の濃さ、色の入り方は個体差があり、つぼみがほとんど色づいていないこともある。トゲが鋭い。

スプレー　希少

花 の 大 き さ 　小 ___▼___ 大
花 の 香 り 　なし
作 出 国 　日本
作　　　出 　————
　　　年 　————

4月撮影

Sparkling Graffiti
【スパークリング グラフィティ】

小輪の剣弁高芯咲きで、白地にワイン色の絞りが入るスプレータイプ。花弁の枚数はさほど多くない。きれいに開花する。トゲが少ない。

2月撮影

スプレー
花の大きさ 小 ▼ 大
花の香り 弱 ▼ 強
作 出 国 オランダ
作　　出 Interplant
　　　　（京成バラ園芸）
年　　　 2013［日本］

Spanish Dancer
【スパニッシュ ダンサー】

波状弁の先駆け品種。白地に赤みを帯びたピンクが花弁の先端を縁取る。花弁には厚みがあり、全体にフリルが入っている。波状弁平咲き。甘い香りがある。

スタンダード　希少
花の大きさ 小 ▼ 大
花の香り 弱 ▼ 強
作 出 国 フランス
作　　出 Meilland
　　　　（京成バラ園芸）
年　　　 2000［日本］

4月撮影

Splash Sensation
【スプラッシュ センセーション】

フリフリとした花弁がたくさん重なった個性的な花形。花色は紫がかったピンクだが、フリルが強いため、裏側の薄いマットなピンクのほうが目立つ。花弁の先端、外弁にグリーンが強く入る。花付きが良く、ボリュームもある。

12月撮影

スプレー
花の大きさ 小 ＿＿＿＿▼＿＿ 大
花の香り なし
作出国 オランダ
作 出 Olij Rozen
（京成バラ園芸）
年 2013 [日本]

Taj Mahal!
【タージマハル！】

つぼみは濃いピンクだが、開花してくると中心が淡いピンクになり、はっきりと色の違いが出てくる。半剣弁高芯咲き。

スタンダード
花の大きさ 小 ＿＿＿＿▼＿ 大
花の香り 弱 ＿＿＿＿▼＿ 強
作出国 オランダ
作 出 Schreurs
（メルヘンローズ）
年 2007 [日本]

2月撮影

Cherry Pie

【チェリー パイ】

丸弁でさほど巻きは多くないがゆっくりと開き、開いても形が崩れない。花弁の色は下部が白く、上部へいくほど、濃いピンクに。外弁はかなりフリルが強い。トゲも少ない。

3月撮影

花の大きさ 小 ▬▬▬▼▬▬▬ 大
花の香り なし
作出国 オランダ
作　出 De Ruiter
　　　　（京成バラ園芸）
年 2009［日本］

Tea Time

【ティータイム】

一重咲き。花弁の先から中央まで発色の良いピンクで、中心はオフホワイト。花弁が波打つような動きで開花していく。野花のような佇まい。

11月撮影

花の大きさ 小 ▼▬▬▬▬▬▬ 大
花の香り 弱 ▬▬▬▼▬▬▬ 強
作出国 日本
作　出 市川バラ園
年 1990

バイカラー｜Bi-Color

Dreamliner
【ドリームライナー】

外弁はグリーン、内側の花弁は白地に淡いピンク。香りがとても良い。外弁には細かなフリルが入る。

10月撮影

スタンダード
花の大きさ　小 ＿＿＿＿▼＿ 大
花 の 香 り　弱 ＿＿＿＿＿▼ 強
作 出 国　オランダ
作　　出　Olij Rozen
　　　　　（京成バラ園）
　　年　　2006 [日本]

Dolce Vita+
【ドルチェヴィータ+】

白地にピンクが入った覆輪の巨大輪。花弁に光沢がある。ピンクの入り方や色にばらつきがある。花弁はやや繊細だが、日持ちは良い。

スタンダード
花の大きさ　小 ＿＿＿＿＿＿▼ 大
花 の 香 り　弱 ＿＿▼＿＿＿＿ 強
作 出 国　オランダ
作　　出　LEX+（國枝バラ園）
　　年　　2000 [日本]

6月撮影

Trés mignonne

【トレミヨンヌ】

外はグリーン、中心が淡いピンクのグラデーションの波状弁。やや小ぶりな大輪サイズで花弁には厚みがある。圃場で開花させてから、咲かせ続けたものは花弁がグリーンになる。フランス語で「とてもかわいい」という意味の名前。

スタンダード 生産者育種 希 少
花の大きさ 小 ▼ 大
花の香り 弱 ▼ 強
作出国 日本
作　出 後藤バラ園
年 2014

圃場開花

6月撮影

New Half

【ニューハーフ】

剣弁高芯咲きで、花は大きめの中輪。白地にピンクの縁取りがくっきり入る。花付きも良くボリュームがあり、ロングセラー品種。'マニッシュ'の枝変わり品種。

スプレー
花の大きさ 小 ▼ 大
花の香り なし
作出国 日本
作　出 富樫康雄
年 1995

12月撮影

Party Ranuncula

【パーティ ラナンキュラ】

'ラナンキュラ'の枝変わり品種。花は小ぶりの大輪。クリーム色に濃いピンクのフラッシュが入る丸弁ロゼット咲きで、開花はゆるやか。開花すると親品種よりも平咲きになる。

3月撮影

花の大きさ 小 ———▼— 大
花の香り 弱 ——▼—— 強
作 出 国 ドイツ
作　　出 Kordes
　　　　（京成バラ園芸）
年　　　 2008［日本］

Bitter Ranuncula

【ビター ラナンキュラ】

'ラナンキュラ'の枝変わり。くすんだ赤い花色が徐々にピンクへと変化する。クリーム色の斑が特徴的。中心のしべが見えるまで開き、日持ちがとても良い。

花の大きさ 小 ———▼— 大
花の香り 弱 ——▼—— 強
作 出 国 ドイツ
作　　出 Kordes
　　　　（京成バラ園芸）
年　　　 2007［日本］

11月撮影

Pink Flame

【ピンク フレーム】

外弁の裏側は白く、表弁の先には青みがかった濃いピンクが強く入る。花弁は薄く透明感がある。剣弁高芯咲きで、咲きはゆるやかで日持ちが良い。アフリカ産が主に流通している。

花の大きさ　小 _____▼___ 大
花 の 香 り　弱 ___▼_____ 強
作 出 国　オランダ
作　　出　Olij Rozen
　　　　　（京成バラ園芸）
年

10月撮影

Pink Ranuncula

【ピンク ラナンキュラ】

くすみのある落ち着いたペールピンクにクリームの斑が入る丸弁ロゼット咲き。日持ちが良い。'ラナンキュラ'の枝変わり。グリーンのしべが特徴的。

花の大きさ　小 _____▼___ 大
花 の 香 り　弱 ___▼_____ 強
作 出 国　ドイツ
作　　出　Kordes
　　　　　（京成バラ園芸）
年　　　　2008［日本］

1月撮影

Fiance

【フィアンセ】

開花前は写真のように、外側が濃いピンクで中心がアプリコットオレンジ。開花すると淡いサーモンピンクに変化する。半剣弁高芯咲き。咲きはゆるやか。

3月撮影

花の大きさ 小 ____▼__ 大
花の香り 弱 ▼_____ 強
作 出 国 オランダ
作 出 Terra Nigra
（オランダウェブ）
年 2011［日本］

Fiesta+

【フィスタ+】

オレンジピンクと黄みがかるクリームの絞りが美しい巨大輪。剣弁高芯咲き。冬場は色みがしっかりと出るが、高温期は全体的に薄くなる。絞りの色の入り方は個体差がある。爽やかな香りがある。

9月撮影

花の大きさ 小 __▼____ 大
花の香り 弱 ___▼__ 強
作 出 国 オランダ
作 出 LEX+
（國枝バラ園）
年 2007［日本］

Flash Lydia
【フラッシュ リディア】

'ラブリーリディア'の枝変わり品種。鮮やかなピンクにクリームピンクの絞りが入った品種。日持ちは良く、ボリューム感がある。親品種よりも剣弁にならない。

10月撮影

スプレー
花の大きさ　小 ＿＿▼＿＿＿＿ 大
花の香り　　弱 ＿＿＿▼＿＿ 強
作 出 国　日本
作　　出　小畑和敏
　　　　　（京成バラ園芸）
年　　　　2002［日本］

Flashing
【フラッシング】

紫がかった鮮やかなピンクの絞りが白地に入る。外弁にはグリーンが差す。剣弁高芯咲き。花弁の枚数は多く、つぼみもボリュームがある。トゲがとても少ない。

スプレー
花の大きさ　小 ＿＿▼＿＿＿＿ 大
花の香り　　なし
作 出 国　オランダ
作　　出　Interplant
　　　　　（京成バラ園芸）
年　　　　2013［日本］

4月撮影

Freaky Avalanche⁺

【フリーキー アヴァランチェ⁺】

'キャンディ アヴァランチェ⁺'の枝変わり品種。アヴァランチェ⁺シリーズのなかではもっとも個性的な花色。鮮やかな濃いピンクにオフホワイトのフラッシュが入る。剣弁高芯咲き。

スタンダード

花の大きさ　小 _____▼ 大
花 の 香 り　なし
作 出 国　オランダ
作　　　出　LEX⁺
　　　　　　（國枝バラ園）
　　　　年　2013［日本］

2月撮影

Fleurette

【フリューレット】

ダークレッドに白の絞りが入った剣弁高芯咲き。花弁には厚みと光沢がある。花色と絞りには個体差があり、絞りのバランスによって雰囲気が変わる。トゲが少ない。品種名はフランス語で「小さな花」という意味。

スプレー

花の大きさ　小 __▼____ 大
花 の 香 り　弱 ▼_____ 強
作 出 国　オランダ
作　　　出　Interplant
　　　　　　（京成バラ園芸）
　　　　年　2011［日本］

4月撮影

Florida

【フロリダ】

淡い黄色と赤みがかったピンクの覆輪。外から内側へいくほどピンクが薄くなり、黄色になる。また黄色の色幅、ピンクの入り方には個体差が大きい。国内では未発表品種で、アフリカ産などが流通している。

5月撮影

花の大きさ　小 ___▼___ 大
花の香り　　弱 ___▼___ 強
作 出 国　フランス
作 　 出　Nirp International
年

Pepperberry

【ペッパーベリー】

花弁の表はマットな濃いピンクで、先端には白が差し、裏側は白い。開花するとフリルが入った花弁が、ふんわりと閉くカップ咲き。鋭いトゲがある。

スプレー　生産者育種　希少

花の大きさ　小 ___▼___ 大
花の香り　　弱 ___▼___ 強
作 出 国　日本
作 　 出　萬華園
年　　　　2013

5月撮影

Bella Vita⁺

【ベラヴィータ⁺】

透明感のある淡いピンクで、明るいローズピンクが花弁の先端を縁取っている。香りがほのかにある。'ドルチェヴィータ⁺'の枝変わり品種で、巻きが多い巨大輪。開花はとてもゆるやかで、日持ちは良い。

11月撮影

花の大きさ　小 _____▼ 大
花の香り　弱 ___▼___ 強
作 出 国　オランダ
作　　出　LEX⁺
　　　　　（國枝バラ園）
年　　　　2004［日本］

Belle Rose

【ベラ ローザ】

花色はマットなピンクだが、外弁はグリーン。花弁は厚くしっかりとしている。巻きが多く、咲きは非常にゆるやか。半剣弁高芯咲き。国内未発表品種のため日本では生産されておらず、アフリカ産などが流通している。別名'ベラミ'。

花の大きさ　小 _____▼ 大
花の香り　弱 ▼_____ 強
作 出 国　ドイツ
作　　出　Kordes
　　　　　（京成バラ園芸）
年　　　　_____

10月撮影

Bellveue

【ベルビュー】

花の中心は鮮やかなピンク、外側はグリーンの大輪。咲きはゆるやか。半剣弁高芯咲きで、香りはない。日持ちが良く、トゲがほとんどない。アフリカ産が主に流通している。

5月撮影

スタンダード

花の大きさ 小 ___▼___ 大
花の香り なし
作出国 ドイツ
作　出 Kordes
　　　 （京成バラ園芸）
　年

Manuel noir

【マニエル・ノワール［マニエル］】

名前はフランス語で銅版画における「黒の技法」を意味する美術用語。'マニエル'の名でも流通している。くすみのある薄いクリームピンクで弁先をやや濃いめのピンクが縁取る剣弁高芯咲き。高温期は生産地により、花色の個体差が出る。

スタンダード　希少

花の大きさ 小 ___▼__ 大
花の香り 弱 ___▼__ 強
作出国 日本
作　出 今井ナーセリー
　年　 2005

7月撮影

上巻 263

Mannish
【マニッシュ】

花弁はくすんだ薄ピンクで、先端を濃いピンクが縁取る。小輪のスプレータイプ。品種としては歴史が長く、スプレーのバイカラーとしてはよく知られている。覆輪の発色の個体差は大きい。

スプレー

花の大きさ　小　▼＿＿＿＿大
花の香り　なし
作出国　日本
作　出　―――
　年　　

4月撮影

Malibu
【マリブ】

白地にピンクの覆輪。花は大きく、巻きも多い。最後まで咲ききらないこともある。花持ちがとても良く、存在感がある。トゲがほとんどない。国内未発表品種で、主にアフリカ産が流通している。

スタンダード

花の大きさ　小＿＿＿＿＿▼　大
花の香り　弱＿＿▼＿＿＿強
作出国　オランダ
作　出　Interplant（京成バラ園芸）
　年　　

5月撮影

Mariyo!
【マリヨ！】

オレンジの花色に、外弁は赤が差す。外弁5枚がほぼ同時期に水平に開く、珍しい咲き方をする。日本未発表品種。アフリカ産を中心に流通している。

スタンダード

花の大きさ　小＿＿＿▼＿大
花の香り　弱＿＿▼＿＿強
作出国　オランダ
作　出　Schreurs（メルヘンローズ）
　年　　

5月撮影

Mangekyo

【万華鏡】

クリーム地に赤やダークピンクの絞りが入る。開花するとつぼみのときよりも少し明るくなる。絞りの入り方、色に個体差がある。花弁に小さくフリンジが入る。巻きが多く、開きはゆるやか。

10月撮影

スタンダード　希少

花の大きさ　小 ────▼── 大
花の香り　　弱 ──▼──── 強
作 出 国　　フランス
作　　出　　Delbard
　　　　　　（河本バラ園）
年　　　　　2009［日本］

Minuette

【メヌエット】

非常に古い品種であり、長く愛されているバラのひとつ。クリームがかった花色に鮮やかなピンクの覆輪が特徴的。切り花バラとしては丈が伸びない品種である。スタンダードに仕立てられることもある。

4月撮影

スタンダード　スプレー　希少

花の大きさ　小 ────▼─── 大
花の香り　　なし
作 出 国　　アメリカ
作　　出　　Walter Lammerts
年　　　　　1969

Maurice Utrillo

【モーリスユトリロ】

フルーティな香りがあり、紅色に、黄から白の絞りが入る。カップの底は明るいレモン色。絞りや花色の個体差が大きい。ブルーイングしやすい品種のため、赤が紫がかることもある。品種名は画家のモーリス・ユトリロから。

5月撮影

スタンダード　希少

花の大きさ　小 ＿＿＿▼＿ 大
花の香り　　弱 ＿＿▼＿＿ 強
作 出 国　フランス
作　　出　Delbard
　　　　　（河本バラ園）
年　　　　2004

Raspberry Pie

【ラズベリー　パイ】

グリーンの強い白地にくすみのあるピンクがかった赤の覆輪。外弁にはグリーンが強く入る。咲きがゆるやかな、剣弁高芯咲き。トゲがほとんどない。葉は深いグリーンで、厚みがある。

スタンダード

花の大きさ　小 ＿＿＿▼＿ 大
花の香り　　なし
作 出 国　ドイツ
作　　出　Tantau
　　　　　（京成バラ園芸）
年　　　　2012［日本］

2月撮影

Lovely Jewel

【ラブリー ジュエル】

つぼみでは、外弁が淡いグリーンで先端が濃いピンク。咲き進むと白地にピンクの覆輪になる。わずかに香りがある。日持ちが良く、トゲはほとんどない。アフリカ産など海外産が主に流通している。

- 花の大きさ　小 ――――▼― 大
- 花の香り　弱 ▼―――― 強
- 作出国　オランダ
- 作出　De Ruiter（京成バラ園芸）
- 年　――――

4月撮影

Lady Candle

【レディキャンドル】

赤みの強い濃いピンク地に白の絞りが入る中輪。花色の個体差が大きい。丸弁カップ咲き。巻きは少なく、開きはゆるやか。トゲがほとんどない。

- 花の大きさ　小 ――▼―― 大
- 花の香り　なし
- 作出国　日本
- 作出　興里農場
- 年　2014

4月撮影

Royal Mannish

【ロイヤルマニッシュ】

白地に濃いピンクの覆輪。'マニッシュ'と似ているが、それよりも花が大きく、覆輪もはっきりとしている。日持ちが良い。トゲがあまりない。

- 花の大きさ　小 ――▼― 大
- 花の香り　なし
- 作出国　日本
- 作出　――――
- 年　――――

5月撮影

取材協力 [50音順]

アキバナーセリー
アジアンローゼス
アバンテローズ
安彦園芸
阿部馳夫
荒木ばら園
荒木連一郎
安間バラ園
石田バラ園
伊豆元久義
市川バラ園
今井ナーセリー
梅本バラ園
ARF
NPO法人日仏チャリティーローズ絆
榎本バラ園
榎本雅夫
大井農場
岡松ローズ
オキツローズナーセリー
小倉佐行
風海ローズ
神生薔薇園
國枝バラ園
京成バラ園芸株式会社
耕伸
後藤バラ園
彩花園
サントリーフラワーズ株式会社
JA遠州夢咲
JAおおいがわ
JAおやま
JA甘楽富岡
JA北つくば
JA静岡市
JA清水
JAなすの
JAひまわり
JAみどりの
JA西三河レインボー
渋谷ばら園
昭和バラ組合
伸和園芸
杉本バラ園
鈴木敏夫
鈴野農園
関 重信
芹沢バラ園
滝沢バラ園
武田バラ園
田中園芸
田淵農園
田村 啓
David Austin Roses
塚越朝城
東予園芸

富樫 淳
永井和美
成田バラ園
農事組合法人興里農場
幡野バラ園
原園芸
樋口修一
樋口忠男
藤原農園
堀木園芸
マーベラスローズ
駿馬農園
まるみ農園
萬華園
ミワフラワー
森谷バラ園
やぎバラ園
柳井ダイヤモンドローズ
山本敏彦
山本バラ園
ユーティーローズ
有限会社アサミ・ローズ・セレクション
有限会社イタミ・ローズ・ガーデン
有限会社河本バラ園
有限会社HANAプロデュース南里
有限会社メルヘンローズ
横堀バラ園
ローズイノベーションTAKUMI
Rose Farm KEIJI
和田ローズガーデン

特別協力 [50音順]

猪熊美和(株式会社フラワーオークションジャパン)、榎田佳代子(株式会社フラワーオークションジャパン)、荻原次郎(株式会社フラワーオークションジャパン)、加藤了嗣(株式会社大田花き)、金子敏仁(株式会社世田谷花き)、桐生進(株式会社大田花き花の生活研究所)、坂口美重子(FB・PALETTE)、田中達仁(有限会社薔薇園植物場)、内藤育子(株式会社大田花き花の生活研究所)、中川彩実(株式会社なにわ花いちば)、中田達也(有限会社薔薇園植物場)、長妻紀子(株式会社大田花き)、中野洋一(株式会社JF兵庫県生花)、中村高士(株式会社なにわ花いちば)、橋本博幸(株式会社JF兵庫県生花大阪本部梅田生花市場)、林茂樹(株式会社大田花き)、古川竜之(株式会社フローライフ)、堀江素子(株式会社フラワーオークションジャパン)、牧村哲郎(株式会社大田花き)、三橋知紀(株式会社プランツパートナー)、村松洋子(株式会社プランツパートナー)

参考資料

カタログ 50音順

キリンアグリバイオ株式会社バラカタログ
('04-'05, '05-'06, '06-'07, '07-'09, '08-'09, '09-'10)
京成バラ園芸株式会社営利切りバラ用カタログ
(1986-1987, 1989-1990, 1998-1999, 2000-2001, 2002-2003, 2003-2004, 2004-2005, 2005-2006, 2006-2007, 2009-2010, 2011-2012, 2012-2013, 2013-2014, 2014-2015,)
京成バラ園芸株式会社卸販売カタログ(2013-2014)
京阪園芸株式会社ROSE Collection (2007-2008)
世田谷花きバラカタログ2013
ジャパンアグリバイオ株式会社バラカタログ('11-'12)
第一園芸株式会社ばら特集号
('92-'93, '93-'94, '94-'95, '95-96)
第一園芸株式会社薔薇カタログ
('96-'97, '97-'98, '99-'00, '00-'01, '01-'02, '02-'03, '03-'04)
有限会社イタミ・ローズ・ガーデンカタログ
(1994-1995, 2004-2005)
有限会社メルヘンローズバラカタログ(2014)
LEX+ROSE CATALOG
(2007-2008, 2011-2012, 2012-2013, 2014-2015)

書籍 50音順(書名／著者・監修者／出版社の順)

『オールドローズと英国式ガーデン』京阪園芸著／ひかりのくに
『新イングリッシュローズ』David Austin著／GAIA BOOKS
『A-Z園芸植物百科事典』
横矢政人(翻訳)英国王立園芸協会(監修)／誠文堂新光社
『花図鑑薔薇』上田善弘監修／草土出版
『薔薇ベストセレクション』矢口信好監修／日本文芸社
『別冊NHK趣味の園芸これだけは知っておきたい栽培の基礎知識』
日本放送出版協会

ウェブサイト ABC順

農林水産省品種登録データベース
http://www.hinsyu.maff.go.jp/
David Austin Roses
http://www.davidaustinroses.com/
De Ruiter
http://www.deruiter.com/
Franko Roses
http://www.frankoroses.com/
Harkness
http://www.roses.co.uk/
Holland Web
http://www.hollandweb.jp/
Interplant
http://www.interplantroses.nl/
JAN SPEK ROSEN
http://rozen.com/
Kordes
http://www.kordesroses.com/
LEX+
http://www.lex.nl/
Meilland
http://www.meilland.com/
Nirp International
http://www.nirpinternational.com/
Olij Rozen
http://www.olijrozen.nl/
Preesman
http://www.preesman.nl/
Tantau
http://www.rosen-tantau.com/
Terra Nigra
http://www.terranigra.com/

索引 INDEX

【写真付索引】

レッド／スタンダード
RED_Standard

- 【アマダ+】▷ 上巻 6
- 【アマリア】▷ 上巻 6
- 【アンジェリーナ!】▷ 上巻 7
- 【ヴァーグ+】▷ 上巻 8
- 【ウォンテッド】▷ 上巻 9
- 【エキサイティング メイアン】▷ 上巻 9
- 【エロス!】▷ 上巻 13
- 【オスカーシャイン】▷ 上巻 13
- 【オムニアルベル】▷ 上巻 14
- 【オリエンタルアート!】▷ 上巻 15
- 【ガルシア】▷ 上巻 16
- 【カンツォーネ】▷ 上巻 16
- 【グランデ アモーレ】▷ 上巻 17
- 【コンテローザ】▷ 上巻 17
- 【サムライ08】▷ 上巻 18
- 【スカーレット ジュエル】▷ 上巻 20
- 【ダラス】▷ 上巻 22
- 【テスタロッサ】▷ 上巻 22
- 【ヌーベルバーグ】▷ 上巻 23
- 【バーガンディ】▷ 上巻 23
- 【パーシモン+】▷ 上巻 24
- 【パサディナ】▷ 上巻 25
- 【パッシオーネ】▷ 上巻 25
- 【HANABI】▷ 上巻 26
- 【パパ メイアン】▷ 上巻 26
- 【バリンゴ】▷ 上巻 27
- 【バレンチノ】▷ 上巻 27
- 【ビッグ タイム】▷ 上巻 29
- 【ファーストエディション】▷ 上巻 29
- 【ファムファタール】▷ 上巻 30
- 【フィオレンツァ】▷ 上巻 31
- 【フーガドール】▷ 上巻 32
- 【ブラック バッカラ】▷ 上巻 32
- 【ブラック ビューティー】▷ 上巻 33
- 【フリーダム】▷ 上巻 33
- 【フリオサ】▷ 上巻 34
- 【ブルズアイ】▷ 上巻 34
- 【ベンデッタ!】▷ 上巻 35
- 【ボルドー】▷ 上巻 36
- 【マ・シェリ+】▷ 上巻 36
- 【マードレ+】▷ 上巻 37
- 【マチルダ】▷ 上巻 37
- 【マリーミー】▷ 上巻 38
- 【マリルージュ】▷ 上巻 38
- 【マルダムール】▷ 上巻 39
- 【マルチネス】▷ 上巻 39
- 【ミスター】▷ 上巻 40

写真付索引 INDEX

レッド／スタンダード RED_Standard

- 【ミルナ⁺】 ▷ 上巻 40
- 【メイン】 ▷ 上巻 41
- 【メインキャスト】 ▷ 上巻 41
- 【ランスロット!】 ▷ 上巻 42
- 【ルージュ ロワイヤル】 ▷ 上巻 43
- 【ルビーレッド】 ▷ 上巻 44
- 【レガーロ】 ▷ 上巻 44
- 【レッド エレガンス】 ▷ 上巻 45
- 【レッド カリプソ】 ▷ 上巻 45
- 【レッド スター】 ▷ 上巻 47
- 【レッド パリ】 ▷ 上巻 47
- 【レッドフランス】 ▷ 上巻 48
- 【レッド ラナンキュラ】 ▷ 上巻 49
- 【レッド リボン】 ▷ 上巻 49
- 【レッド ワン】 ▷ 上巻 50
- 【ローテローゼ】 ▷ 上巻 51
- 【ロードス】 ▷ 上巻 52
- 【ロッソ クラシコ】 ▷ 上巻 53
- 【ロレックス】 ▷ 上巻 54
- 【ワイルド カリプソ】 ▷ 上巻 54

レッド／スプレー RED_Spray

- 【アレット】 ▷ 上巻 7
- 【アンダルシア】 ▷ 上巻 8
- 【N-ツェッペリン】 ▷ 上巻 10
- 【エマレッタ】 ▷ 上巻 10
- 【M-ヴィンテージレッド】 ▷ 上巻 11
- 【M-オリエンタルドレス】 ▷ 上巻 11
- 【M-レッドムーン】 ▷ 上巻 12
- 【エルノーラ】 ▷ 上巻 12
- 【オーレリー】 ▷ 上巻 13
- 【オデット】 ▷ 上巻 14
- 【カリエンタ!】 ▷ 上巻 15
- 【J-サウンドハート】 ▷ 上巻 19
- 【J-レッドクィーン】 ▷ 上巻 19
- 【湘南キャンディレッド】 ▷ 上巻 20
- 【センシュアル[ルアンカップ]】 ▷ 上巻 20
- 【タマンゴ】 ▷ 上巻 21
- 【バーニングラブ】 ▷ 上巻 24
- 【ピアノ】 ▷ 上巻 28
- 【ひいろ】 ▷ 上巻 28
- 【ファイヤー キング】 ▷ 上巻 29
- 【ファンファール】 ▷ 上巻 31
- 【ぷるぴあん】 ▷ 上巻 35
- 【プレディア⁺】 ▷ 上巻 35
- 【リトル マーベル】 ▷ 上巻 42
- 【レッド キャンディ】 ▷ 上巻 46
- 【レッドサンシャイン】 ▷ 上巻 46
- 【レッド マカレナ】 ▷ 上巻 48
- 【レディ ラブ】 ▷ 上巻 50

ピンク／スタンダード PINK_Standard

- 【茜】 ▷ 上巻 59
- 【アクア!】 ▷ 上巻 60
- 【アクロポリス】 ▷ 上巻 60
- 【アタッシェ】 ▷ 上巻 61
- 【アプラディール】 ▷ 上巻 62
- 【アブラハム・ダービー】 ▷ 上巻 63
- 【アプリコット ファンデーション】 ▷ 上巻 63
- 【アプローチ!】 ▷ 上巻 65
- 【アムルーズ】 ▷ 上巻 65
- 【アムルーズ・ド・トワ】 ▷ 上巻 66

写真付索引 INDEX

ピンク／スタンダード PINK Standard

【アリアンナ[メイクルーザ]】▷ 上巻 67	【H3O】▷ 上巻 79	【オルフィーク】▷ 上巻 100
【アルーチェ+】▷ 上巻 68	【エースピンク+】▷ 上巻 79	【かおりかざり】▷ 上巻 101
【アルヌワ・ブラン】▷ 上巻 68	【エーデルワイス!】▷ 上巻 80	【かなた】▷ 上巻 101
【アルンウィック・キャッスル】▷ 上巻 69	【エスタ】▷ 上巻 80	【カリナ!】▷ 上巻 102
【アンジェニュー】▷ 上巻 69	【エストレーノ】▷ 上巻 80	【かれん】▷ 上巻 102
【アンジェラ】▷ 上巻 70	【M-ウェディングボックス】▷ 上巻 87	【カンティーナ】▷ 上巻 103
【アンジェリーク ロマンティカ】▷ 上巻 70	【M-ティーパーティ】▷ 上巻 89	【キアノ】▷ 上巻 104
【アンジュ・キ・レーヴ】▷ 上巻 71	【M-ノスタルジックロマンス】▷ 上巻 89	【キーラ】▷ 上巻 104
【アンビシャス】▷ 上巻 72	【M-フラワーボックス】▷ 上巻 90	【キャンディアヴァランチェ+】▷ 上巻 106
【アンブリッジ・ローズ】▷ 上巻 72	【M-プロメティーダ】▷ 上巻 91	【クリーム エキサイティング】▷ 上巻 107
【イヴ・クレール】▷ 上巻 73	【M-ポミエ】▷ 上巻 91	【クリオネ】▷ 上巻 107
【イヴ・シャンテマリー】▷ 上巻 73	【エモシオン・プロフォンド】▷ 上巻 94	【クレア】▷ 上巻 108
【イヴ・シルバ】▷ 上巻 74	【エレガントドレス】▷ 上巻 95	【ケイト】▷ 上巻 109
【イヴ・ミオラ】▷ 上巻 74	【エンジェルズ ラブ】▷ 上巻 96	【コーラル ハート】▷ 上巻 110
【イブ ピアッチェ】▷ 上巻 75	【オープンハート】▷ 上巻 96	【ゴッドファーザー】▷ 上巻 111
【いろは】▷ 上巻 76	【オールドロマンス】▷ 上巻 97	【小春】▷ 上巻 111
【インスピレーション】▷ 上巻 77	【オール4キス+】▷ 上巻 98	【さざ波】▷ 上巻 113
【ヴィオリーチェ】▷ 上巻 78	【オール4ハート+】▷ 上巻 99	【ザ テレサ】▷ 上巻 113
【ウィッシング】▷ 上巻 78	【オール4ラブ+】▷ 上巻 99	【サフィーア】▷ 上巻 114
【ヴェルジュ+】▷ 上巻 79	【オハラ[オーハラ]】▷ 上巻 100	【サリュー・ド・アムール[トワユニークカップ]】▷ 上巻 115

写真付索引 INDEX

ピンク／スタンダード PINK_Standard

【J-PBルビー】 ▷ 上巻 119	【スウィート アキト】 ▷ 上巻 132	【ダンシング クイーン】 ▷ 上巻 144
【J-フェアリーチーク】 ▷ 上巻 120	【スウィート エスキモー】 ▷ 上巻 132	【チョーサー】 ▷ 上巻 145
【シェリル】 ▷ 上巻 121	【スウィート ドロミティ】 ▷ 上巻 133	【つがり】 ▷ 上巻 146
【ジェルファルレイ】 ▷ 上巻 121	【スウィートネス（ピンク）】 ▷ 上巻 133	【つくばエクスプレス】 ▷ 上巻 147
【シセロ】 ▷ 上巻 122	【スウィート ユニーク】 ▷ 上巻 134	【つむぎ】 ▷ 上巻 147
【ジプシークィーン】 ▷ 上巻 123	【スーパーメルト】 ▷ 上巻 135	【ディーヴァ】 ▷ 上巻 148
【シャキーラ】 ▷ 上巻 123	【セイレーン】 ▷ 上巻 137	【ディニティ・アンフォルメル】 ▷ 上巻 148
【シャネル】 ▷ 上巻 124	【セカンドエディション】 ▷ 上巻 138	【デコラ】 ▷ 上巻 149
【シャンス・ダムール】 ▷ 上巻 124	【セトチェリー】 ▷ 上巻 138	【ドゥヌベルローブ】 ▷ 上巻 151
【シャンパン】 ▷ 上巻 125	【セレナーデ】 ▷ 上巻 138	【トップレス】 ▷ 上巻 151
【ジュヴァンセル［サキカップ］】 ▷ 上巻 125	【千】 ▷ 上巻 139	【トパーズ】 ▷ 上巻 151
【ジュエリーボックス】 ▷ 上巻 126	【セント・セシリア】 ▷ 上巻 140	【ドロシー！】 ▷ 上巻 153
【ジュナ】 ▷ 上巻 126	【旋律】 ▷ 上巻 140	【トロワラス】 ▷ 上巻 153
【ジョアデレーヌ】 ▷ 上巻 127	【ソウルメイト！】 ▷ 上巻 141	【トワカップ】 ▷ 上巻 154
【ジョシー】 ▷ 上巻 128	【ソルベットアヴァランチェ⁺】 ▷ 上巻 142	【トワバイオン】 ▷ 上巻 155
【シルエット（市川）】 ▷ 上巻 128	【ダーシー】 ▷ 上巻 142	【ニーナドレス】 ▷ 上巻 156
【シルク】 ▷ 上巻 129	【だいちゃん】 ▷ 上巻 143	【ニュー ブライダル】 ▷ 上巻 157
【シルバナスペック】 ▷ 上巻 129	【ダーリン】 ▷ 上巻 143	【ノブレス】 ▷ 上巻 158
【シンベリン】 ▷ 上巻 130	【タイタニック】 ▷ 上巻 143	【パールアヴァランチェ⁺】 ▷ 上巻 159
【スウィートアヴァランチェ⁺】 ▷ 上巻 131	【環】 ▷ 上巻 144	【パールクィーン】 ▷ 上巻 159

写真付索引 INDEX

ピンク／スタンダード PINK Standard

【花吉野】 上巻 160	【ピンクピークス】 上巻 175	【ブロッサムピンク】 上巻 190
【ハニーピンク+】 上巻 161	【ビンゴ スリーズ】 上巻 176	【プロミス+】 上巻 191
【バニティ】 上巻 161	【ファンシードレス】 上巻 177	【ベル カント】 上巻 192
【パルファン フレ】 上巻 163	【プライスレス】 上巻 180	【ほうさき紅】 上巻 192
【ビアンカキャンディ】 上巻 165	【ブライダル ピンク】 上巻 181	【ホットショット】 上巻 193
【ピークス】 上巻 165	【ブラッシングアキト】 上巻 182	【ホット レディ】 上巻 194
【ヒカル】 上巻 166	【ブラッドピンク+】 上巻 182	【ボヌール】 上巻 194
【ピタハヤ】 上巻 167	【フランソワ】 上巻 183	【マイ ガール】 上巻 196
【ひな】 上巻 167	【プリエステス】 上巻 183	【馬沙薬】 上巻 196
【ビブロス】 上巻 168	【プリティアヴァランチェ+】 上巻 184	【マジェスティック［ウーブス］】 上巻 197
【ピュアレディ】 上巻 168	【プリティ ウーマン】 上巻 184	【マダムフィガロ】 上巻 198
【日和】 上巻 169	【プリティニーナ】 上巻 185	【madka】 上巻 198
【ひより】 上巻 169	【プリンセステンコー】 上巻 186	【マリアーナ】 上巻 199
【ピンク イヴ ピアッチェ】 上巻 170	【プリンセスメグ】 上巻 186	【マリーナ（ピンク）】 上巻 200
【ピンクジューク】 上巻 170	【ブルジョア】 上巻 187	【マリポーサ】 上巻 200
【ピンクスムージー！】 上巻 171	【プルミエラムール+】 上巻 187	【マリラブ】 上巻 201
【ピンクスメール】 上巻 171	【フレグランス・オブ・フレグランシズ】 上巻 188	【マンゴー ロマンティカ】 上巻 201
【ピンク ダイヤモンド】 上巻 172	【フレグラントロゼ】 上巻 188	【美咲】 上巻 202
【ピンクテディ+】 上巻 173	【プレミアムラブ】 上巻 189	【ミスティク+】 上巻 202
【ピンクトルマリン】 上巻 173	【フロインディン】 上巻 190	【ミスピギー+】 上巻 203

写真付索引 INDEX

ピンク／スタンダード PINK_Standard

- 【京】▷ 上巻 204
- 【雅】▷ 上巻 204
- 【ミランダ】▷ 上巻 205
- 【ミンテリア】▷ 上巻 206
- 【メサイア!】▷ 上巻 207
- 【メモリー】▷ 上巻 208
- 【メルヘン ケニギン[メルヘン ケニゲン]】▷ 上巻 209
- 【もこもこ】▷ 上巻 210
- 【モナムール】▷ 上巻 211
- 【モンド⁺】▷ 上巻 211
- 【由愛】▷ 上巻 213
- 【友禅】▷ 上巻 213
- 【ユカカップ】▷ 上巻 214
- 【ユニバース】▷ 上巻 214
- 【嫁に感謝】▷ 上巻 215
- 【ラ・シャンス】▷ 上巻 216
- 【ラ・ジョコンダ】▷ 上巻 216
- 【ライラ⁺】▷ 上巻 217
- 【ラグジュリア!】▷ 上巻 218
- 【ラスティック】▷ 上巻 218
- 【ラデュセス】▷ 上巻 219
- 【ラビング ハート】▷ 上巻 220
- 【ラブリー ファンデーション】▷ 上巻 220
- 【ラ ベーラ】▷ 上巻 222
- 【ラムール・ミュテュエル】▷ 上巻 222
- 【リコ・マシェリ】▷ 上巻 223
- 【リサイタル[ビューティーフラワー]】▷ 上巻 224
- 【リップピークス】▷ 上巻 224
- 【リバイバル】▷ 上巻 226
- 【リベルタ】▷ 上巻 226
- 【リメンブランス】▷ 上巻 227
- 【リモ】▷ 上巻 227
- 【ルージュ・ドゥ・パルファム】▷ 上巻 229
- 【ルエル・ド・メモワール】▷ 上巻 230
- 【ルノン】▷ 上巻 231
- 【ルワンジェ】▷ 上巻 231
- 【レスプリ・ド・フィーユ】▷ 上巻 232
- 【レディ チャペル】▷ 上巻 232
- 【レフレーズ】▷ 上巻 233
- 【ロイヤルウェディング】▷ 上巻 233
- 【ロイヤル プロフィッタ】▷ 上巻 234
- 【ローズメグ】▷ 上巻 235
- 【ローラ】▷ 上巻 235
- 【ロジータ ベンデラ】▷ 上巻 236
- 【ロマンティック アンティーク】▷ 上巻 236
- 【ロマンティック エンジェル】▷ 上巻 237
- 【ワイルド シング】▷ 上巻 238
- 【ワム】▷ 上巻 239

ピンク／スプレー PINK_Spray

- 【アイドリーム】▷ 上巻 58
- 【アイリーン】▷ 上巻 58
- 【アストラル】▷ 上巻 61
- 【アトリスイート】▷ 上巻 62
- 【アプリコットミホ】▷ 上巻 64
- 【アプリス⁺】▷ 上巻 64
- 【綾】▷ 上巻 67
- 【アンティーク ブーケ】▷ 上巻 71
- 【イルゼ】▷ 上巻 76
- 【インスマイル】▷ 上巻 77
- 【エデン ロマンティカ】▷ 上巻 81

写真付索引 INDEX

ピンク／スプレー PINK Spray

【N-スムージー】▷ 上巻 81	【M-ミネルバ】▷ 上巻 93	【J-クィーンマシュマロ】▷ 上巻 118
【エミーラ】▷ 上巻 82	【M-ムーンザムーン】▷ 上巻 93	【J-ティアラ】▷ 上巻 118
【M-アンジュール】▷ 上巻 82	【エルザ】▷ 上巻 94	【J-はるか】▷ 上巻 118
【M-ヴィンテージカクテル】▷ 上巻 083	【エレガント クィーン】▷ 上巻 95	【J-ピッコロ】▷ 上巻 119
【M-ヴィンテージコーラル】▷ 上巻 83	【オールドファンタジー】▷ 上巻 97	【J-ピュアウインク】▷ 上巻 119
【M-ヴィンテージジェラート】▷ 上巻 84	【カンタービレ】▷ 上巻 103	【J-ピンクマシュマロ】▷ 上巻 120
【M-ヴィンテージシルク】▷ 上巻 84	【KIZUNA】▷ 上巻 105	【J-ブリットマリー】▷ 上巻 120
【M-ヴィンテージスイーツ】▷ 上巻 85	【クマール】▷ 上巻 106	【シフォン ドレス】▷ 上巻 122
【M-ヴィンテージドルチェ】▷ 上巻 85	【クリスチャン】▷ 上巻 108	【ジャパネスクモナムール［夢あかり］】▷ 上巻 124
【M-ヴィンテージパール】▷ 上巻 86	【グロリアス イルゼ】▷ 上巻 109	【シャンゼリゼ】▷ 上巻 125
【M-ヴィンテージピンク】▷ 上巻 86	【ココット】▷ 上巻 110	【湘南キャンディピンク】▷ 上巻 127
【M-ヴィンテージフラール】▷ 上巻 86	【コロネット】▷ 上巻 112	【スィートビビアン!】▷ 上巻 130
【M-ヴィンテージロゼ】▷ 上巻 87	【桜】▷ 上巻 112	【スイートローズベール】▷ 上巻 131
【M-カントリーガール】▷ 上巻 87	【さくら坂】▷ 上巻 112	【スウィート リディア】▷ 上巻 134
【M-グラニータ】▷ 上巻 88	【サリネロ】▷ 上巻 114	【スーパー センセーション】▷ 上巻 135
【M-シフォンベール】▷ 上巻 88	【サンティアゴ】▷ 上巻 115	【スタースイート】▷ 上巻 136
【M-ピンクムーン】▷ 上巻 89	【サントワマミー!】▷ 上巻 116	【ステファン!】▷ 上巻 136
【M-フラミンゴ】▷ 上巻 90	【ジーノピンク】▷ 上巻 116	【ステラ】▷ 上巻 136
【M-マジックフレーズ】▷ 上巻 92	【J-アマービレ】▷ 上巻 117	【ストロベリー パフェ】▷ 上巻 137
【M-マリーアントワネット】▷ 上巻 92	【J-ウインク】▷ 上巻 117	【スプレーローズ】▷ 上巻 137

上巻 275

写真付索引 INDEX

ピンク／スプレー PINK_Spray

【センセーション】▷ 上巻 139	【パルル】▷ 上巻 163	【ポルボロン】▷ 上巻 195
【センティッド ナイト】▷ 上巻 140	【バンビーナ】▷ 上巻 164	【マジョリカ】▷ 上巻 197
【そら】▷ 上巻 141	【ヒート&ビート】▷ 上巻 166	【マリアTN】▷ 上巻 199
【チアガール】▷ 上巻 145	【ピンク チュチュ】▷ 上巻 172	【ミスティック サラ】▷ 上巻 203
【チャーム】▷ 上巻 145	【ピンクドレス】▷ 上巻 174	【ミミ エデン】▷ 上巻 203
【ティンカーベル】▷ 上巻 149	【ピンク ピアノ】▷ 上巻 174	【ミュスカデ】▷ 上巻 205
【てまり】▷ 上巻 150	【ピンク ブーケ】▷ 上巻 175	【ミルフォードサウンド】▷ 上巻 206
【トゥインクルローズ】▷ 上巻 150	【ピンクブルーム】▷ 上巻 176	【メナージュピンク】▷ 上巻 207
【ドラフトワン】▷ 上巻 152	【ファニー】▷ 上巻 177	【メモリア】▷ 上巻 208
【ドリーム センセーション】▷ 上巻 152	【ファンシー ローラ】▷ 上巻 178	【メリー】▷ 上巻 209
【トワスイートラブ】▷ 上巻 154	【ファンタジー】▷ 上巻 178	【ヤーナ】▷ 上巻 212
【ナギダーク】▷ 上巻 155	【フェア・ビアンカ】▷ 上巻 179	【やまとなでしこ】▷ 上巻 212
【ナギドラフトワン】▷ 上巻 156	【フェア プレイ】▷ 上巻 179	【吉野桜】▷ 上巻 215
【ネネ】▷ 上巻 157	【ブライダルスプレー】▷ 上巻 180	【ラ・セーヌ!】▷ 上巻 217
【パーフェクトスイート】▷ 上巻 158	【フラジール】▷ 上巻 181	【ラソワ】▷ 上巻 219
【花見小路】▷ 上巻 160	【ブリトーニ】▷ 上巻 185	【ラブリー リディア】▷ 上巻 221
【ハネムーン】▷ 上巻 161	【プリンセス チュチュ】▷ 上巻 186	【ラプリティ】▷ 上巻 221
【パリ!】▷ 上巻 162	【ふわり】▷ 上巻 191	【リザ】▷ 上巻 223
【ハルヒ】▷ 上巻 162	【ペシェ ミニョン】▷ 上巻 191	【リディア】▷ 上巻 225
【パルレ モワ】▷ 上巻 164	【ポエム】▷ 上巻 193	【リトルウッズ】▷ 上巻 225

写真付索引 INDEX

ピンク／スプレー PINK_Spray ｜ バイカラー／スタンダード BI-Color_Standard ｜ バイカラー／スプレー BI-Color_Spray

【リリー】 ▷ 上巻 228
【リリカ】 ▷ 上巻 228
【ルナピンク】 ▷ 上巻 230
【ローズ・ア・レーヴル】 ▷ 上巻 234
【ロマンティック レース】 ▷ 上巻 237
【和花】 ▷ 上巻 238
【ワルツ】 ▷ 上巻 239

バイカラー／スタンダード
BI-Color_Standard

【アーリエス+】 ▷ 上巻 242
【イチカ】 ▷ 上巻 244
【ウィンドチェリー】 ▷ 上巻 244
【エスペランス[エスペランサ]】 ▷ 上巻 245
【ガーディアン+】 ▷ 上巻 245
【カルーセル】 ▷ 上巻 246
【クレイジートゥ】 ▷ 上巻 247
【グローバル ウォーター】 ▷ 上巻 248
【コンフィティ】 ▷ 上巻 248
【J-マザーケーキ】 ▷ 上巻 249
【シルエット(輸入)】 ▷ 上巻 250
【スウィートネス(輸入)】 ▷ 上巻 250

【スパニッシュ ダンサー】 ▷ 上巻 251
【タージマハル!】 ▷ 上巻 252
【ドリームライナー】 ▷ 上巻 254
【ドルチェヴィータ+】 ▷ 上巻 254
【トレミヨンヌ】 ▷ 上巻 255
【パーティ ラナンキュラ】 ▷ 上巻 256
【ビター ラナンキュラ】 ▷ 上巻 256
【ピンク フレーム】 ▷ 上巻 257
【ピンク ラナンキュラ】 ▷ 上巻 257
【フィアンセ】 ▷ 上巻 258
【フィスタ+】 ▷ 上巻 258
【フリーキーアヴァランチェ+】 ▷ 上巻 260
【フロリダ】 ▷ 上巻 261
【ベラヴィータ+】 ▷ 上巻 262
【ベラ ローザ】 ▷ 上巻 262
【ベル ビュー】 ▷ 上巻 263
【マニエル・ノワール[マニエル]】 ▷ 上巻 263
【マリブ】 ▷ 上巻 264
【マリヨ!】 ▷ 上巻 264
【万華鏡】 ▷ 上巻 265

【モーリスユトリロ】 ▷ 上巻 266
【ラズベリー パイ】 ▷ 上巻 266
【ラブリー ジュエル】 ▷ 上巻 267

バイカラー／スプレー
BI-Color_Spray

【アメリー】 ▷ 上巻 243
【アロー フォリーズ】 ▷ 上巻 243
【キャンドル】 ▷ 上巻 246
【J-フラッシュダンス】 ▷ 上巻 249
【ストロベリーモンローウォーク】 ▷ 上巻 250
【スパークリング グラフィティ】 ▷ 上巻 251
【スプラッシュ センセーション】 ▷ 上巻 252
【チェリー パイ】 ▷ 上巻 253
【ティータイム】 ▷ 上巻 253
【ニューハーフ】 ▷ 上巻 255
【フラッシュ リディア】 ▷ 上巻 259
【フラッシング】 ▷ 上巻 259
【フリューレット】 ▷ 上巻 260
【ペッパーベリー】 ▷ 上巻 261
【マニッシュ】 ▷ 上巻 264
【メヌエット】 ▷ 上巻 265

上巻 277

【レディキャンドル】 ▷ 上巻 267

【ロイヤルマニッシュ】 ▷ 上巻 267

グリーン／スプレー
GREEN_Spray

【エクレール】 ▷ 下巻 7

【オリーブ】 ▷ 下巻 8

【グリーン アイス】 ▷ 下巻 10

【グリーン アロー】 ▷ 下巻 10

【コンキュサーレ】 ▷ 下巻 11

【ロサ キネンシス ヴィリディフローラ】 ▷ 下巻 17

ホワイト／スタンダード
WHITE_Standard

【アイスカップ+】 ▷ 下巻 20

【アイスブレイカー】 ▷ 下巻 20

【アヴァランチェ+】 ▷ 下巻 21

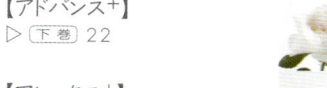

【アドバンス+】 ▷ 下巻 22

【アレックス+】 ▷ 下巻 23

【アンタルティック】 ▷ 下巻 23

【アンネマリー!】 ▷ 下巻 24

【イヴ・カラム】 ▷ 下巻 25

【ウェディング ベル】 ▷ 下巻 26

【A-1】 ▷ 下巻 27

【エスキモー】 ▷ 下巻 27

【M-イノセント】 ▷ 下巻 28

【M-バージナル】 ▷ 下巻 28

【オール4ピュア+】 ▷ 下巻 30

【カルト ブランシュ】 ▷ 下巻 31

【グラミス・キャッスル】 ▷ 下巻 32

【グランシェ!!】 ▷ 下巻 33

【クリーム イブ ピアッチェ】 ▷ 下巻 33

【クロッシュ・ド・マリアージュ】 ▷ 下巻 34

【K白波】 ▷ 下巻 35

【ケリー】 ▷ 下巻 36

【J-グラマラス】 ▷ 下巻 38

【シェドゥーブル】 ▷ 下巻 40

【しずく】 ▷ 下巻 40

【シャインホワイト】 ▷ 下巻 41

【ジューク】 ▷ 下巻 43

【しらべ】 ▷ 下巻 43

【スイートエモーション】 ▷ 下巻 44

【スペンド ア ライフタイム】 ▷ 下巻 46

【契】 ▷ 下巻 47

【ティネケ】 ▷ 下巻 49

【ドロミティ】 ▷ 下巻 50

グリーン／スタンダード
GREEN_Standard

【エヴァーロング】 ▷ 下巻 6

【オートクチュール】 ▷ 下巻 7

【カメレオン】 ▷ 下巻 9

【グラスリー】 ▷ 下巻 9

【グリーン ハート】 ▷ 下巻 11

【ザズ+】 ▷ 下巻 12

【ジプシー キュリオーサ (グリーン)】 ▷ 下巻 12

【スーパーグリーン】 ▷ 下巻 13

【たま】 ▷ 下巻 13

【ミント ティー】 ▷ 下巻 14

【ヤギグリーン】 ▷ 下巻 15

【ライム】 ▷ 下巻 16

【レモン&ライム+】 ▷ 下巻 16

【ネージュ・ドゥ・パルファム】▷ 下巻 51	【マフィーユ】▷ 下巻 67	【ジーノ】▷ 下巻 37
【ハリウッド】▷ 下巻 52	【マルシア!】▷ 下巻 67	【J・シャーウッド】▷ 下巻 39
【ビジュー・ド・ネージュ】▷ 下巻 53	【マルタ】▷ 下巻 68	【ジャパネスク ニキータ】▷ 下巻 41
【ピスタッシェ!】▷ 下巻 54	【ミナリス】▷ 下巻 68	【ジャンティーユ】▷ 下巻 42
【ピュール・パルファン+】▷ 下巻 55	【ローズ ユミ】▷ 下巻 71	【ジャンリモーネ】▷ 下巻 42
【フィオナ】▷ 下巻 56	【和集】▷ 下巻 72	【ジル】▷ 下巻 44
【プロヴァンス】▷ 下巻 60	【わたぼうし】▷ 下巻 72	【スイートオールド】▷ 下巻 45
【ブランヴェール+】▷ 下巻 57	## ホワイト／スプレー WHITE_Spray	【スノー ダンス】▷ 下巻 45
【ブランシュ・ネージュ+】▷ 下巻 57	【アプリコットアンティーク】▷ 下巻 22	【スプレーウィット】▷ 下巻 46
【フリンジ!】▷ 下巻 58	【アン・フラグマン・ド・ネージュ】▷ 下巻 24	【セラファン】▷ 下巻 47
【フルーティ+】▷ 下巻 59	【ウェディングドレス】▷ 下巻 26	【月の祈り】▷ 下巻 48
【ブルゴーニュ】▷ 下巻 60	【M・ホワイトムーン】▷ 下巻 29	【トゥモロービューティ】▷ 下巻 50
【ブルジョン・ドゥ・レーヴ】▷ 下巻 60	【オードリー】▷ 下巻 29	【ニュアンセス】▷ 下巻 51
【ベンデラ】▷ 下巻 61	【オールインスイート】▷ 下巻 30	【パフ】▷ 下巻 52
【ポルト スノー】▷ 下巻 61	【奏】▷ 下巻 31	【バンビーナホワイト】▷ 下巻 53
【ホワイトオハラ】▷ 下巻 63	【キアーラ・クオーレ[ジャンスノー]】▷ 下巻 32	【ビビアン!】▷ 下巻 54
【ホワイト チャーミング】▷ 下巻 64	【クレメ ダンジュ】▷ 下巻 34	【ピュール】▷ 下巻 55
【ホワイトムーン】▷ 下巻 65	【K白波スプレー】▷ 下巻 35	【プリンセス】▷ 下巻 58
【マザール】▷ 下巻 66	【コットンカップ】▷ 下巻 36	【プリンセス オブ ウェールズ】▷ 下巻 59
【マハ】▷ 下巻 66	【サリー(白)】▷ 下巻 37	【ホワイトウッズ】▷ 下巻 62

写真付索引 INDEX

ホワイト／スタンダード WHITE Standard ｜ ホワイト／スプレー WHITE Spray

写真付索引 INDEX

ホワイト／スプレー WHITE_Spray

| 【ホワイト キャンディ】 ▷ 下巻 63 |
| 【ホワイト マカロン】 ▷ 下巻 64 |
| 【ホワイト メイディランド】 ▷ 下巻 65 |
| 【モンローウォーク】 ▷ 下巻 69 |
| 【ユノ】 ▷ 下巻 69 |
| 【凛】 ▷ 下巻 70 |
| 【ルビアナ】 ▷ 下巻 70 |
| 【レネ】 ▷ 下巻 71 |

イエロー／スタンダード
YELLOW_Standard

| 【アニバーサリー】 ▷ 下巻 74 |
| 【アマニ+】 ▷ 下巻 75 |
| 【イエローアイランド】 ▷ 下巻 75 |
| 【イリオス!】 ▷ 下巻 78 |
| 【インテンス】 ▷ 下巻 78 |
| 【ウィーバー】 ▷ 下巻 79 |
| 【ヴェリテージュ[ルミエール]】 ▷ 下巻 79 |
| 【M・シャマロー】 ▷ 下巻 80 |
| 【M・プレミアムレモンティ】 ▷ 下巻 81 |
| 【オレンジアイランド】 ▷ 下巻 82 |
| 【オレンジジュース!】 ▷ 下巻 82 |

| 【カスタードパイ】 ▷ 下巻 83 |
| 【カンパネラ イエロー】 ▷ 下巻 84 |
| 【カンパネラ スター】 ▷ 下巻 85 |
| 【キューバ ゴールド】 ▷ 下巻 86 |
| 【グッド タイムズ】 ▷ 下巻 86 |
| 【Creep】 ▷ 下巻 87 |
| 【ケリオ+】 ▷ 下巻 88 |
| 【ゴールデン ゲート】 ▷ 下巻 88 |
| 【ゴールドクィーン】 ▷ 下巻 89 |
| 【ゴールド ストライク】 ▷ 下巻 90 |
| 【ゴールドラッシュ】 ▷ 下巻 91 |
| 【コンセプト】 ▷ 下巻 91 |
| 【サニー アンティーク】 ▷ 下巻 92 |
| 【シエル+】 ▷ 下巻 95 |
| 【ジェンネゴールド】 ▷ 下巻 96 |
| 【シャンスイエロー】 ▷ 下巻 97 |
| 【ジャンヌダルク】 ▷ 下巻 97 |
| 【シャンパン ロマンティカ】 ▷ 下巻 98 |
| 【ジュピター】 ▷ 下巻 99 |
| 【ジョセフィーヌ】 ▷ 下巻 100 |

| 【スウィート ハニー】 ▷ 下巻 100 |
| 【スカイライン】 ▷ 下巻 101 |
| 【スフィンクス】 ▷ 下巻 101 |
| 【スペード+】 ▷ 下巻 102 |
| 【スリール・トゥジュール】 ▷ 下巻 103 |
| 【ソラーレ[ソレイユ]】 ▷ 下巻 104 |
| 【ソンリサ[ソリーザ]】 ▷ 下巻 104 |
| 【ツウィティ+】 ▷ 下巻 105 |
| 【つきひ】 ▷ 下巻 105 |
| 【デュカット】 ▷ 下巻 106 |
| 【トゥールーズ ロートレック】 ▷ 下巻 106 |
| 【パールドブルム+】 ▷ 下巻 107 |
| 【バター キャラメル】 ▷ 下巻 107 |
| 【ハニーブリーズ】 ▷ 下巻 108 |
| 【バニラ スカイ】 ▷ 下巻 108 |
| 【ビバ!】 ▷ 下巻 109 |
| 【ブリッツ+】 ▷ 下巻 110 |
| 【プレゴ】 ▷ 下巻 111 |
| 【ペイシャンス】 ▷ 下巻 112 |
| 【マリア テレージア】 ▷ 下巻 113 |

【マンダリンガールイエロー】 ▷ 下巻 113
【Michel】 ▷ 下巻 114
【mumoon】 ▷ 下巻 114
【ムーン ウォーク】 ▷ 下巻 115
【モハナ】 ▷ 下巻 115
【モンテビアンコ】 ▷ 下巻 116
【ライトニング！】 ▷ 下巻 116
【りくほたる】 ▷ 下巻 117
【ルーチェ+】 ▷ 下巻 118
【レオネッサ！】 ▷ 下巻 118
【レディオ！】 ▷ 下巻 119
【レモンジェラート】 ▷ 下巻 120
【レモン ラナンキュラ】 ▷ 下巻 121
【ロッシュ+】 ▷ 下巻 121

イエロー／スプレー
YELLOW_Spray

【イエロー ドット】 ▷ 下巻 76
【イエロー ベイブ】 ▷ 下巻 76
【イエロー マカレナ】 ▷ 下巻 77
【イエロー リバー】 ▷ 下巻 77
【N・ハニーキュート】 ▷ 下巻 80

【オールドレモン】 ▷ 下巻 81
【カタリナ】 ▷ 下巻 83
【感謝と夢】 ▷ 下巻 84
【クリーミー エデン】 ▷ 下巻 87
【ゴールデン ボーダー】 ▷ 下巻 89
【ゴールドメグ】 ▷ 下巻 90
【サニー イルゼ】 ▷ 下巻 92
【サニー シンディ】 ▷ 下巻 93
【サラ】 ▷ 下巻 93
【サンアデュー】 ▷ 下巻 94
【サンタン】 ▷ 下巻 94
【ジーノ イエロー】 ▷ 下巻 95
【シューティング スター】 ▷ 下巻 99
【ソフィア】 ▷ 下巻 103
【ピスカップ】 ▷ 下巻 109
【フェ・デ・ヴェール】 ▷ 下巻 109
【フリスコ】 ▷ 下巻 110
【フレアー】 ▷ 下巻 111
【ライムローズベール】 ▷ 下巻 117
【レモネード】 ▷ 下巻 119

【レモン ベイブ】 ▷ 下巻 120

オレンジ／スタンダード
ORANGE_Standard

【あかり】 ▷ 下巻 124
【アミティエ+】 ▷ 下巻 125
【アルケミー】 ▷ 下巻 125
【アンナ ルイーザ】 ▷ 下巻 127
【オークランド】 ▷ 下巻 128
【オータムブリーズ】 ▷ 下巻 128
【オレンジシトロン】 ▷ 下巻 129
【オレンジチャンス】 ▷ 下巻 130
【オレンジ フィズ】 ▷ 下巻 131
【オレンジ ロマンティカ】 ▷ 下巻 132
【カルピディーム+】 ▷ 下巻 133
【キャラメル アンティーク】 ▷ 下巻 133
【キャンディド プロフィッタ】 ▷ 下巻 134
【キューバ リブレ】 ▷ 下巻 134
【キングスプライド+】 ▷ 下巻 135
【コシマ】 ▷ 下巻 136
【ゴッドマザー】 ▷ 下巻 137
【コランドロ】 ▷ 下巻 137

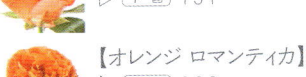

写真付索引 INDEX

オレンジ／スタンダード ORANGE_Standard

【サリー（オレンジ）】▷ 下巻 138	【ブエナビスタ】▷ 下巻 155	【ラカンパネラ】▷ 下巻 168
【サンクレール】▷ 下巻 139	【ブラッドオレンジ+】▷ 下巻 156	【レゼルブオレンジ】▷ 下巻 169
【サンファイヤー】▷ 下巻 139	【フリー スピリッツ】▷ 下巻 157	【ワイルド スピリット】▷ 下巻 170
【ジャパネスク キャラメラ[ボンボニーエ]】▷ 下巻 141	【ベビーチーク】▷ 下巻 158	
【シュヴァリエ+】▷ 下巻 141	【ベビー ロマンティカ】▷ 下巻 158	

オレンジ／スプレー ORANGE_Spray

【ジュリエット】▷ 下巻 142	【ポエニクス】▷ 下巻 159	【アレグリア】▷ 下巻 126
【チェルシー】▷ 下巻 145	【ボナンザ】▷ 下巻 159	【アンティーク レース】▷ 下巻 126
【デメトラ】▷ 下巻 146	【ほのか】▷ 下巻 160	【M-オレンジムーン】▷ 下巻 127
【トラトラトラ】▷ 下巻 147	【マーロン!】▷ 下巻 161	【M-スマイリー】▷ 下巻 127
【トリックス!】▷ 下巻 147	【マドレーヌ】▷ 下巻 162	【オレンジ キャンディ】▷ 下巻 129
【トロピカル アマゾン】▷ 下巻 148	【マナナ!】▷ 下巻 162	【オレンジスィープ!】▷ 下巻 130
【ドンナ】▷ 下巻 149	【マリークレア!】▷ 下巻 163	【オレンジ ドット】▷ 下巻 131
【ナランガ】▷ 下巻 149	【マリーナ（オレンジ）】▷ 下巻 163	【オレンジ ファイヤー】▷ 下巻 131
【ニュー ミラクル】▷ 下巻 149	【マルシェルブ】▷ 下巻 164	【オレンジムーン】▷ 下巻 132
【パリジェンヌ】▷ 下巻 151	【マレーラ】▷ 下巻 165	【クレメンティン】▷ 下巻 135
【パレオ90】▷ 下巻 151	【マレーラ2002】▷ 下巻 165	【ココアール+】▷ 下巻 136
【ピーチアヴァランチェ+】▷ 下巻 153	【マンダリンガール】▷ 下巻 166	【サニー ベイブ】▷ 下巻 138
【ピーチキャンディ】▷ 下巻 153	【ミルバ】▷ 下巻 167	【J-カンタービレ】▷ 下巻 140
【ファンデーション】▷ 下巻 154	【モン･シュシュ】▷ 下巻 167	【J-パヴェ】▷ 下巻 140
【ブードゥー!】▷ 下巻 155	【ユーリシュカ】▷ 下巻 168	【上海ガール】▷ 下巻 141
		【シンディ】▷ 下巻 142

【スイートサン】 ▷下巻 143
【スティンガー!】 ▷下巻 144
【スプリングタイム】 ▷下巻 144
【ソノラ】 ▷下巻 145
【トゥインクルサン】 ▷下巻 146
【トロピカル スカッシュ】 ▷下巻 148
【ネオアンティークサン】 ▷下巻 150
【ハニー ベイブ】 ▷下巻 150
【バレンシアオールド】 ▷下巻 152
【バレンシアキッス】 ▷下巻 152
【ファンゴ!】 ▷下巻 154
【フェリーニ】 ▷下巻 156
【ベイブ】 ▷下巻 157
【マカレナ】 ▷下巻 161
【マリレーヌ】 ▷下巻 164
【マンダリンガーネット】 ▷下巻 166
【ルナロッサ】 ▷下巻 169
【ロマンティックローズベール】 ▷下巻 170

ブラウン／スタンダード
BROWN_Standard

【アルテ⁺】 ▷下巻 172
【エスプレッソ】 ▷下巻 173
【カモフラージュ!】 ▷下巻 174
【コーヒー ブレイク】 ▷下巻 175
【チェリー ブランディ】 ▷下巻 176
【トフ】 ▷下巻 177
【ナギサウェーブ】 ▷下巻 177
【ブラックティ】 ▷下巻 178
【ホットチョコレート】 ▷下巻 179
【マホガニー・ヴェール】 ▷下巻 179
【レオニダス】 ▷下巻 180
【レゼルブ】 ▷下巻 181
【レディ ゴディバ】 ▷下巻 182

ブラウン／スプレー
BROWN_Spray

【カフェ・マキアート】 ▷下巻 173
【クロスサンセット】 ▷下巻 174
【ココチーノ】 ▷下巻 175
【チョコチーノ】 ▷下巻 176
【テディ ベアー】 ▷下巻 176
【ブラウンスカーフ】 ▷下巻 178
【ローランb】 ▷下巻 182

ベージュ／スタンダード
BEIGE_Standard

【アティレ・パルモード】 ▷下巻 184
【イヴ】 ▷下巻 184
【エクルベージュ】 ▷下巻 185
【エルミタージュ】 ▷下巻 186
【オールドダッチ】 ▷下巻 187
【オッポセンター】 ▷下巻 187
【オリエンタル キュリオーサ】 ▷下巻 188
【カフェ ラテ】 ▷下巻 188
【クイックサンド】 ▷下巻 189
【ゴースト】 ▷下巻 190
【ゴールデン マスタード】 ▷下巻 190
【サーシア［トワスイートブラウン］】 ▷下巻 191
【サウダージ】 ▷下巻 191
【サハラ】 ▷下巻 192
【J-シルクロード】 ▷下巻 192
【シャルマン】 ▷下巻 193
【ジュリア】 ▷下巻 194
【ショコラ】 ▷下巻 194
【デザート】 ▷下巻 197

【テナチュール】
▷ 下巻 197

【デューン】
▷ 下巻 198

【ハロウィン】
▷ 下巻 198

【ヒストリア】
▷ 下巻 199

【フジ】
▷ 下巻 199

【プラン・ド・メランコリー】
▷ 下巻 200

【ブリス】
▷ 下巻 201

【ブルーショコラ】
▷ 下巻 201

【フローレンス】
▷ 下巻 201

【ヘリオス ロマンティカ】
▷ 下巻 202

【マジックモカ】
▷ 下巻 203

【マラケッシュ】
▷ 下巻 203

【ミスユカ】
▷ 下巻 204

【結】
▷ 下巻 205

【ラストナイト オン アース】
▷ 下巻 206

【ラフィネ・ポルテ】
▷ 下巻 207

【ランハーツ+】
▷ 下巻 208

【リテラチュール[テナチュールレモン]】
▷ 下巻 208

【ルールマジック】
▷ 下巻 209

【ロマネスク】
▷ 下巻 210

【ワンダーウォール】
▷ 下巻 210

ベージュ／スプレー
BEIGE_Spray

【いおり】
▷ 下巻 185

【M-カントリーボーイ】
▷ 下巻 186

【クリシェ】
▷ 下巻 189

【シュナーベル】
▷ 下巻 193

【セピアブリーズ[フウラル]】
▷ 下巻 195

【ソナス・ファベール】
▷ 下巻 195

【チョコレンジ】
▷ 下巻 196

【ラディッシュ】
▷ 下巻 207

パープル／スタンダード
PURPLE_Standard

【アートリーク】
▷ 下巻 214

【アプローズ】
▷ 下巻 216

【イヴ・パッション】
▷ 下巻 218

【一心】
▷ 下巻 219

【イントゥリーグ】
▷ 下巻 220

【ヴァーズ】
▷ 下巻 220

【ヴィオラ+】
▷ 下巻 221

【ヴェガ+】
▷ 下巻 222

【M-トワイライトブルー】
▷ 下巻 222

【M-ノスタルジックエレガンス】
▷ 下巻 223

【オーシャン ソング】
▷ 下巻 224

【オキシジェン】
▷ 下巻 224

【ガールクィーン】
▷ 下巻 226

【ギルランド+】
▷ 下巻 226

【クールウォーター】
▷ 下巻 227

【グリシーヌ+】
▷ 下巻 228

【グレープ キャンディ】
▷ 下巻 228

【クレールビジュー】
▷ 下巻 229

【ザ・ダーク・レディ】
▷ 下巻 230

【サナー+】
▷ 下巻 231

【サファイア】
▷ 下巻 231

【ザ・プリンス】
▷ 下巻 232

【サムシングスペシャル+】
▷ 下巻 232

【J-ディープインパクト】
▷ 下巻 233

【シャドウ オブ ザデイ】
▷ 下巻 234

【ジャパネスク オータムルージュ】
▷ 下巻 234

【シューヴァ+】
▷ 下巻 235

【ジュピテール+】
▷ 下巻 235

【ショウゴ エレガン】
▷ 下巻 236

写真付索引 INDEX

パープル／スタンダード PURPLE_Standard

- 【ジリ+】 ▷ 下巻 237
- 【シルバー ファウンテン】 ▷ 下巻 238
- 【シルバー ミスト】 ▷ 下巻 239
- 【ソルファ】 ▷ 下巻 239
- 【ダーク キアノ】 ▷ 下巻 240
- 【ダニエルオットー】 ▷ 下巻 240
- 【つきよみ】 ▷ 下巻 241
- 【ディープ ウォーター】 ▷ 下巻 241
- 【デリーラ】 ▷ 下巻 242
- 【ドラマティック レイン】 ▷ 下巻 242
- 【ニュー・ウェーブ[フォルム]】 ▷ 下巻 243
- 【ノヴァーリス】 ▷ 下巻 243
- 【ノーティカ】 ▷ 下巻 244
- 【パ・ド・ドゥ】 ▷ 下巻 245
- 【パープルアイ】 ▷ 下巻 246
- 【パープルフラガンシア】 ▷ 下巻 247
- 【パープルレイン】 ▷ 下巻 248
- 【バイ ア モーメント】 ▷ 下巻 249
- 【パシフィック ブルー】 ▷ 下巻 250
- 【ビューティ バイ オジェール】 ▷ 下巻 250
- 【フェルゼン[ポルトパープル]】 ▷ 下巻 251
- 【ブル・ドゥ・パルファム】 ▷ 下巻 251
- 【ブルーカップアイ】 ▷ 下巻 252
- 【ブルー キュリオーサ】 ▷ 下巻 252
- 【ブルーストーリー】 ▷ 下巻 253
- 【ブルー バード】 ▷ 下巻 253
- 【ブルー パフューム】 ▷ 下巻 254
- 【ブルーベリー】 ▷ 下巻 254
- 【ブルーミルフィーユ】 ▷ 下巻 255
- 【ブルー リバー】 ▷ 下巻 255
- 【プレッシャスモメント】 ▷ 下巻 256
- 【マダム・ヴィオレ】 ▷ 下巻 257
- 【マリティム】 ▷ 下巻 258
- 【マンハッタン ブルー】 ▷ 下巻 258
- 【ミステリアス】 ▷ 下巻 259
- 【メモリーレーン!】 ▷ 下巻 259
- 【モーニング デュウ】 ▷ 下巻 260
- 【ヤギムラサキ】 ▷ 下巻 261
- 【ラ・マリエ】 ▷ 下巻 262
- 【ライラック フレグランス】 ▷ 下巻 262
- 【ラプソディ+】 ▷ 下巻 263
- 【ラベンダー ヘイズ】 ▷ 下巻 264
- 【ローズシネルジック】 ▷ 下巻 265
- 【ロワイヤル】 ▷ 下巻 266

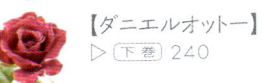

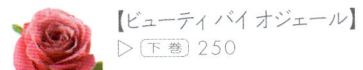

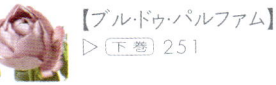

パープル／スプレー PURPLE_Spray

- 【葵】 ▷ 下巻 214
- 【葵〜風雅〜】 ▷ 下巻 215
- 【アメジスト】 ▷ 下巻 217
- 【アリシア】 ▷ 下巻 217
- 【アンブラッセ】 ▷ 下巻 217
- 【ウィステリアージュ】 ▷ 下巻 221
- 【オルフェウス】 ▷ 下巻 225
- 【カーマ】 ▷ 下巻 225
- 【クチュール・ローズ・チリア】 ▷ 下巻 227
- 【小町】 ▷ 下巻 229
- 【コメットブルー】 ▷ 下巻 230
- 【紫水】 ▷ 下巻 233
- 【シランス】 ▷ 下巻 237
- 【シルバー ベル】 ▷ 下巻 238
- 【ノーウォール】 ▷ 下巻 244

【パープルドレッシー】 ▷ 下巻 247

【プロフェシー】 ▷ 下巻 256

【モエリー】 ▷ 下巻 260

【モンシェリー】 ▷ 下巻 261

【リトル シルバー】 ▷ 下巻 264

【ローズリーヌ】 ▷ 下巻 266

その他
OTHER

【イルミネーションローズ】 ▷ 下巻 122

【ジャルダン・アラ・クレム】 ▷ 上巻 240

【ジャルダン・パフューメ】 ▷ 上巻 240

【シルバーラメ／サムライ08】 ▷ 下巻 267

【ビビアン！／染めブルー】 ▷ 下巻 267

【ビビアン！／染めレインボールージュ】 ▷ 下巻 267

【ピンクラメ／ピンク ダイヤモンド】 ▷ 下巻 267

【ベンデラ／染めブルー】 ▷ 下巻 267

【ベンデラ／染めレインボールージュ】 ▷ 下巻 267

【レッドラメ／サムライ08】 ▷ 下巻 267

【50音索引】

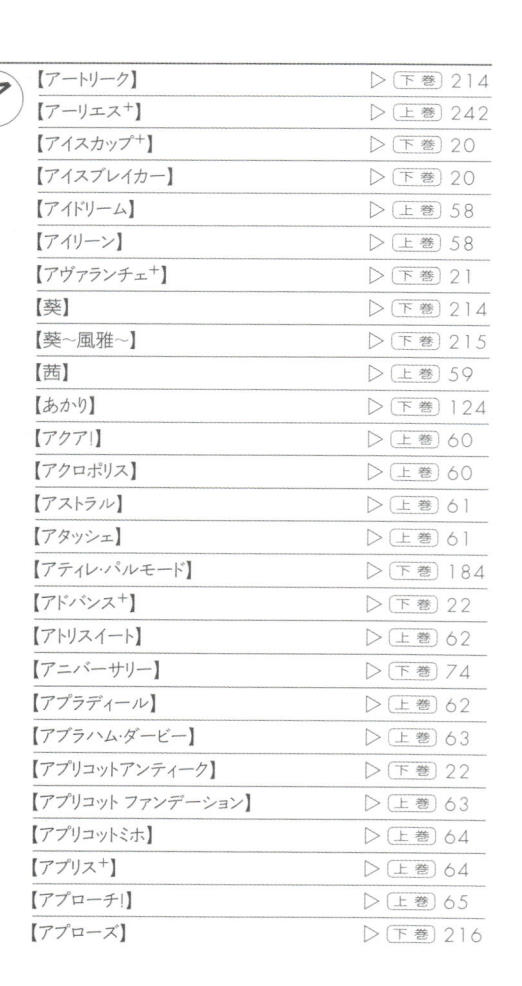

ア

【アートリーク】	▷ 下巻 214
【アーリエス⁺】	▷ 上巻 242
【アイスカップ⁺】	▷ 下巻 20
【アイスブレイカー】	▷ 下巻 20
【アイドリーム】	▷ 上巻 58
【アイリーン】	▷ 上巻 58
【アヴァランチェ⁺】	▷ 下巻 21
【葵】	▷ 下巻 214
【葵〜風雅〜】	▷ 下巻 215
【茜】	▷ 上巻 59
【あかり】	▷ 下巻 124
【アクア！】	▷ 上巻 60
【アクロポリス】	▷ 上巻 60
【アストラル】	▷ 上巻 61
【アタッシェ】	▷ 上巻 61
【アティレ・パルモード】	▷ 下巻 184
【アドバンス⁺】	▷ 下巻 22
【アトリスイート】	▷ 上巻 62
【アニバーサリー】	▷ 下巻 74
【アブラディール】	▷ 上巻 62
【アブラハム・ダービー】	▷ 上巻 63
【アプリコットアンティーク】	▷ 下巻 22
【アプリコット ファンデーション】	▷ 上巻 63
【アプリコットミホ】	▷ 上巻 64
【アプリス⁺】	▷ 上巻 64
【アプローチ！】	▷ 上巻 65
【アプローズ】	▷ 下巻 216

【アマダ⁺】	▷ 上巻 6
【アマニ⁺】	▷ 下巻 75
【アマリア⁺】	▷ 上巻 6
【アミティエ⁺】	▷ 下巻 125
【アムルーズ】	▷ 上巻 65
【アムルーズ・ド・トワ】	▷ 上巻 66
【アメジスト】	▷ 下巻 217
【アメリー】	▷ 下巻 243
【綾】	▷ 上巻 67
【アリアンナ［メイクルーザ］】	▷ 上巻 67
【アリシア】	▷ 下巻 217
【アルーチェ⁺】	▷ 上巻 68
【アルケミー】	▷ 下巻 125
【アルテ⁺】	▷ 下巻 172
【アルヌワ・ブラン】	▷ 上巻 68
【アルンウィック・キャッスル】	▷ 上巻 69
【アレグリア】	▷ 下巻 126
【アレックス⁺】	▷ 下巻 23
【アレット】	▷ 上巻 7
【アロー フォリーズ】	▷ 上巻 243
【アンジェニュー】	▷ 上巻 69
【アンジェラ】	▷ 上巻 70
【アンジェリーク ロマンティカ】	▷ 上巻 70
【アンジェリーナ！】	▷ 上巻 7
【アンジュ・キ・レーヴ】	▷ 上巻 71
【アンダルシア】	▷ 上巻 8
【アンタルティック】	▷ 下巻 23

50音索引 INDEX

【アンティーク ブーケ】	▷ 上巻	71
【アンティーク レース】	▷ 下巻	126
【アンナ ルイーザ】	▷ 下巻	127
【アンネマリー!】	▷ 下巻	24
【アンビシャス】	▷ 上巻	72
【アン・フラグマン・ド・ネージュ】	▷ 下巻	24
【アンブラッセ】	▷ 下巻	217
【アンブリッジ・ローズ】	▷ 上巻	72

イ

【イヴ】	▷ 下巻	184
【イヴ・カラム】	▷ 下巻	25
【イヴ・クレール】	▷ 上巻	73
【イヴ・シャンテマリー】	▷ 上巻	73
【イヴ・シルバ】	▷ 上巻	74
【イヴ・パッション】	▷ 下巻	218
【イヴ・ミオラ】	▷ 上巻	74
【イエローアイランド】	▷ 上巻	75
【イエロー ドット】	▷ 上巻	76
【イエロー ベイブ】	▷ 上巻	76
【イエロー マカレナ】	▷ 上巻	77
【イエロー リバー】	▷ 上巻	77
【いおり】	▷ 下巻	185
【イチカ】	▷ 上巻	244
【一心】	▷ 下巻	219
【イブ ピアッチェ】	▷ 上巻	75
【イリオス!】	▷ 下巻	78
【イルゼ】	▷ 上巻	76
【イルミネーションローズ】	▷ 下巻	122
【いろは】	▷ 上巻	76
【インスピレーション】	▷ 上巻	77
【インスマイル】	▷ 上巻	77
【インテンス】	▷ 下巻	78
【イントゥリーグ】	▷ 下巻	220

ウ

【ヴァーグ⁺】	▷ 上巻	8
【ヴァーズ】	▷ 下巻	220
【ウィーバー】	▷ 下巻	79
【ヴィオラ⁺】	▷ 下巻	221
【ヴィオリーチェ】	▷ 上巻	78
【ウィステリアージュ】	▷ 下巻	221
【ウィッシング】	▷ 上巻	78
【ウィンドチェリー】	▷ 上巻	244
【ヴェガ⁺】	▷ 下巻	222
【ウェディングドレス】	▷ 下巻	26
【ウェディング ベル】	▷ 下巻	26
【ヴェリテージュ[ルミエール]】	▷ 下巻	79
【ヴェルジュ⁺】	▷ 上巻	79
【ウォンテッド】	▷ 下巻	9

エ

【H3O】	▷ 上巻	79
【A-1】	▷ 下巻	27
【エヴァーロング】	▷ 下巻	6
【エースピンク⁺】	▷ 上巻	79
【エーデルワイス!】	▷ 上巻	80
【エキサイティング メイアン】	▷ 上巻	9
【エクルベージュ】	▷ 下巻	185
【エクレール】	▷ 下巻	7
【エスキモー】	▷ 下巻	27
【エスタ】	▷ 上巻	80
【エストレーノ】	▷ 上巻	80
【エスプレッソ】	▷ 上巻	173
【エスペランス[エスペランサ]】	▷ 上巻	245
【エデン ロマンティカ】	▷ 上巻	81
【N-スムージー】	▷ 上巻	81
【N-ツェッペリン】	▷ 下巻	10
【N-ハニーキュート】	▷ 上巻	80
【エマレッタ】	▷ 下巻	10
【エミーラ】	▷ 上巻	82
【M-アンジュール】	▷ 上巻	82
【M-イノセント】	▷ 下巻	28
【M-ヴィンテージカクテル】	▷ 上巻	83
【M-ヴィンテージコーラル】	▷ 上巻	83
【M-ヴィンテージジェラート】	▷ 上巻	84
【M-ヴィンテージシルク】	▷ 上巻	84
【M-ヴィンテージスイーツ】	▷ 上巻	85
【M-ヴィンテージドルチェ】	▷ 上巻	85
【M-ヴィンテージパール】	▷ 上巻	86
【M-ヴィンテージピンク】	▷ 上巻	86
【M-ヴィンテージフラール】	▷ 上巻	86
【M-ヴィンテージレッド】	▷ 上巻	11
【M-ヴィンテージロゼ】	▷ 上巻	87
【M-ウェディングボックス】	▷ 上巻	87
【M-オリエンタルドレス】	▷ 上巻	11
【M-オレンジムーン】	▷ 下巻	127
【M-カントリーガール】	▷ 上巻	87
【M-カントリーボーイ】	▷ 下巻	186
【M-グラニータ】	▷ 上巻	88
【M-シフォンベール】	▷ 上巻	88
【M-シャマロー】	▷ 上巻	80
【M-スマイリー】	▷ 下巻	127
【M-ティーパーティ】	▷ 上巻	89
【M-トワイライトブルー】	▷ 下巻	222
【M-ノスタルジックエレガンス】	▷ 下巻	223
【M-ノスタルジックロマンス】	▷ 上巻	89
【M-バージナル】	▷ 下巻	28
【M-ピンクムーン】	▷ 上巻	89
【M-フラミンゴ】	▷ 上巻	90
【M-フラワーボックス】	▷ 上巻	90
【M-プレミアムレモンティ】	▷ 上巻	81
【M-プロメティーダ】	▷ 上巻	91
【M-ポミエ】	▷ 上巻	91
【M-ホワイトムーン】	▷ 下巻	29
【M-マジックフレーズ】	▷ 上巻	92
【M-マリーアントワネット】	▷ 上巻	92
【M-ミネルバ】	▷ 上巻	93
【M-ムーンザムーン】	▷ 上巻	93
【M-レッドムーン】	▷ 上巻	12
【エモシオン・プロフォンド】	▷ 上巻	94
【エルザ】	▷ 上巻	94

50音索引 INDEX

エ

【エルノーラ】	▷ 上巻	12
【エルミタージュ】	▷ 下巻	186
【エレガントクィーン】	▷ 上巻	95
【エレガントドレス】	▷ 上巻	95
【エロス!】	▷ 上巻	13
【エンジェルズラブ】	▷ 上巻	96

オ

【オークランド】	▷ 下巻	128
【オーシャン ソング】	▷ 下巻	224
【オータムブリーズ】	▷ 下巻	128
【オートクチュール】	▷ 下巻	7
【オードリー】	▷ 下巻	29
【オープンハート】	▷ 上巻	96
【オールインスイート】	▷ 下巻	30
【オールドダッチ】	▷ 下巻	187
【オールドファンタジー】	▷ 上巻	97
【オールドレモン】	▷ 下巻	81
【オールドロマンス】	▷ 上巻	97
【オール4キス+】	▷ 上巻	98
【オール4ハート+】	▷ 上巻	99
【オール4ピュア+】	▷ 下巻	30
【オール4ラブ+】	▷ 上巻	99
【オーレリー】	▷ 上巻	13
【オキシジェン】	▷ 下巻	224
【オスカーシャイン】	▷ 上巻	13
【オッポセンター】	▷ 下巻	187
【オデット】	▷ 上巻	14
【オハラ[オーハラ]】	▷ 上巻	100
【オムニアルベル】	▷ 上巻	14
【オリーブ】	▷ 下巻	8
【オリエンタルアート!】	▷ 上巻	15
【オリエンタル キュリオーサ】	▷ 下巻	188
【オルフィーク】	▷ 上巻	100
【オルフェウス】	▷ 下巻	225
【オレンジアイランド】	▷ 下巻	82
【オレンジ キャンディ】	▷ 下巻	129
【オレンジシトロン】	▷ 下巻	129
【オレンジジュース!】	▷ 下巻	82
【オレンジスィーブ!】	▷ 下巻	130
【オレンジチャンス】	▷ 下巻	130
【オレンジドット】	▷ 下巻	131
【オレンジ ファイヤー】	▷ 下巻	131
【オレンジ フィズ】	▷ 下巻	131
【オレンジムーン】	▷ 下巻	132
【オレンジ ロマンティカ】	▷ 下巻	132

カ

【ガーディアン+】	▷ 上巻	245
【カーマ】	▷ 下巻	225
【ガールクィーン】	▷ 下巻	226
【かおりかざり】	▷ 上巻	101
【カスタードパイ】	▷ 下巻	83
【カタリナ】	▷ 下巻	83
【かなた】	▷ 上巻	101
【奏】	▷ 下巻	31
【カフェ ラテ】	▷ 下巻	188
【カフェ・マキアート】	▷ 下巻	173
【カメレオン】	▷ 下巻	9
【カモフラージュ!】	▷ 下巻	174
【カリエンタ!】	▷ 上巻	15
【カリナ!】	▷ 上巻	102
【カルーセル】	▷ 上巻	246
【ガルシア】	▷ 上巻	16
【カルト ブランシュ】	▷ 下巻	31
【カルピディーム+】	▷ 下巻	133
【かれん】	▷ 上巻	102
【感謝と夢】	▷ 下巻	84
【カンタービレ】	▷ 上巻	103
【カンツォーネ】	▷ 上巻	16
【カンティーナ】	▷ 上巻	103
【カンパネライエロー】	▷ 下巻	84
【カンパネラスター】	▷ 下巻	85

キ

【キアーラ・クオーレ[ジャンスノー]】	▷ 下巻	32
【キアノ】	▷ 上巻	104
【キーラ】	▷ 上巻	104
【KIZUNA】	▷ 上巻	105
【キャラメル アンティーク】	▷ 下巻	133
【キャンディアヴァランチェ+】	▷ 上巻	106
【キャンディド プロフィッタ】	▷ 下巻	134
【キャンドル】	▷ 上巻	246
【キューバ ゴールド】	▷ 下巻	86
【キューバ リブレ】	▷ 下巻	134
【ギルランド+】	▷ 下巻	226
【キングスプライド+】	▷ 下巻	135

ク

【クイックサンド】	▷ 下巻	189
【クールウォーター】	▷ 下巻	227
【ク・チュール・ローズ・チリア】	▷ 下巻	227
【グッド タイムズ】	▷ 下巻	86
【クマール】	▷ 上巻	106
【グラスリー】	▷ 下巻	9
【グラミス・キャッスル】	▷ 下巻	32
【グランシェ!!】	▷ 下巻	33
【グランデ アモーレ】	▷ 上巻	17
【Creep】	▷ 下巻	87
【クリーミー エデン】	▷ 下巻	87
【クリーム イブ ピアッチェ】	▷ 下巻	33
【クリーム エキサイティング】	▷ 上巻	107
【グリーンアイス】	▷ 下巻	10
【グリーン アロー】	▷ 下巻	10
【グリーン ハート】	▷ 下巻	11
【クリオネ】	▷ 上巻	107
【グリシーヌ+】	▷ 下巻	228
【クリシェ】	▷ 下巻	189
【クリスチャン】	▷ 上巻	108
【クレア】	▷ 上巻	108
【クレイジートゥ】	▷ 上巻	247
【グレープ キャンディ】	▷ 下巻	228
【クレールビジュー】	▷ 下巻	229
【クレメ ダンジュ】	▷ 下巻	34

【クレメンティン】	▷ 下巻 135	【サムシングスペシャル⁺】	▷ 下巻 232
【グローバル ウォーター】	▷ 上巻 248	【サムライ08】	▷ 上巻 18
【クロスサンセット】	▷ 下巻 174	【サラ】	▷ 下巻 93
【クロッシュ・ド・マリアージュ】	▷ 下巻 34	【サリー(オレンジ)】	▷ 下巻 138
【グロリアス イルゼ】	▷ 上巻 109	【サリー(白)】	▷ 下巻 37
ケ 【K白波】	▷ 上巻 35	【サリネロ】	▷ 上巻 114
【K白波スプレー】	▷ 上巻 35	【サリュー・ド・アムール[トワユニークカップ]】	▷ 上巻 115
【ケイト】	▷ 上巻 109	【サンアデュー！】	▷ 下巻 94
【ケリー】	▷ 下巻 36	【サン クレール】	▷ 下巻 139
【ケリオ⁺】	▷ 下巻 88	【サンタン】	▷ 下巻 94
コ 【ゴースト】	▷ 下巻 190	【サンティアゴ】	▷ 上巻 115
【コーヒー ブレイク】	▷ 下巻 175	【サントワマミー！】	▷ 上巻 116
【コーラル ハート】	▷ 上巻 110	【サンファイヤー】	▷ 下巻 139
【ゴールデン ゲート】	▷ 下巻 88	**シ** 【ジーノ】	▷ 下巻 37
【ゴールデン ボーダー】	▷ 下巻 89	【ジーノイエロー】	▷ 下巻 95
【ゴールデン マスタード】	▷ 下巻 190	【ジーノピンク】	▷ 上巻 116
【ゴールドストライク】	▷ 下巻 90	【J-アマービレ】	▷ 上巻 117
【ゴールドクィーン】	▷ 下巻 89	【J-ウインク】	▷ 上巻 117
【ゴールドメグ】	▷ 下巻 90	【J-カンタービレ】	▷ 下巻 140
【ゴールドラッシュ】	▷ 下巻 91	【J-クィーンマシュマロ】	▷ 上巻 118
【ココアール⁺】	▷ 下巻 136	【J-グラマラス】	▷ 下巻 38
【ココチーノ】	▷ 下巻 175	【J-サウンドハート】	▷ 上巻 19
【ココット】	▷ 上巻 110	【J-シャーウッド】	▷ 下巻 39
【ココマ】	▷ 下巻 136	【J-シルクロード】	▷ 下巻 192
【ゴッドファーザー】	▷ 上巻 111	【J-ティアラ】	▷ 上巻 118
【ゴッドマザー】	▷ 下巻 137	【J-ディープインパクト】	▷ 下巻 233
【コットンカップ】	▷ 下巻 36	【J-パヴェ】	▷ 下巻 140
【小春】	▷ 上巻 111	【J-はるか】	▷ 上巻 118
【小町】	▷ 下巻 229	【J-PBルビー】	▷ 上巻 119
【コメットブルー】	▷ 下巻 230	【J-ピッコロ】	▷ 上巻 119
【コランドロ】	▷ 下巻 137	【J-ピュアウインク】	▷ 上巻 119
【コロネット】	▷ 上巻 112	【J-ピンクマシュマロ】	▷ 上巻 120
【コンキュサーレ】	▷ 上巻 11	【J-フェアリーチーク】	▷ 上巻 120
【コンセプト】	▷ 下巻 91	【J-フラッシュダンス】	▷ 上巻 249
【コンテローザ】	▷ 上巻 17	【J-ブリットマリー】	▷ 上巻 120
【コンフィティ】	▷ 上巻 248	【J-マザーケーキ】	▷ 上巻 249
サ 【ザ・ダーク・レディ】	▷ 下巻 230	【J-レッドクィーン】	▷ 上巻 19
【ザ・プリンス】	▷ 下巻 232	【シェドゥーブル】	▷ 下巻 40
【サーシャ[トワスイートブラウン]】	▷ 下巻 191	【シェリル】	▷ 上巻 121
【サウダージ】	▷ 下巻 191	【シエル⁺】	▷ 下巻 95
【桜】	▷ 上巻 112	【ジェルファルレイ】	▷ 上巻 121
【さくら坂】	▷ 上巻 112	【ジェンネゴールド】	▷ 下巻 96
【さざ波】	▷ 上巻 113	【紫水】	▷ 下巻 233
【ザズ⁺】	▷ 上巻 12	【しずく】	▷ 下巻 40
【ザ テレサ】	▷ 上巻 113	【シセロ】	▷ 上巻 122
【サナー⁺】	▷ 下巻 231	【シフォン ドレス】	▷ 上巻 122
【サニー アンティーク】	▷ 下巻 92	【ジプシー キュリオーサ(グリーン)】	▷ 下巻 12
【サニー イルゼ】	▷ 下巻 92	【ジプシークィーン】	▷ 上巻 123
【サニー シンディ】	▷ 下巻 93	【シャインホワイト】	▷ 下巻 41
【サニー ベイブ】	▷ 下巻 138	【シャキーラ】	▷ 上巻 123
【サハラ】	▷ 下巻 192	【シャドウ オブ ザデイ】	▷ 下巻 234
【サファイア】	▷ 下巻 231	【シャネル】	▷ 上巻 124
【サフィーア】	▷ 上巻 114	【ジャパネスク オータムルージュ】	▷ 下巻 234

50音索引 INDEX

シ〜タ

名称	巻	ページ
【ジャパネスク キャラメラ[ボンボニーエ]】	▷ 下巻	141
【ジャパネスク ニキータ】	▷ 下巻	41
【ジャパネスク モナムール[夢あかり]】	▷ 上巻	124
【ジャルダン・アラ・クレム】	▷ 上巻	240
【ジャルダン・パフューメ】	▷ 上巻	240
【シャルマン】	▷ 下巻	193
【シャンス・ダムール】	▷ 上巻	124
【シャンスイエロー】	▷ 下巻	97
【シャンゼリゼ】	▷ 上巻	125
【ジャンティーユ】	▷ 下巻	42
【ジャンヌダルク】	▷ 下巻	97
【上海ガール】	▷ 下巻	141
【シャンパン】	▷ 上巻	125
【シャンパン ロマンティカ】	▷ 下巻	98
【ジャンリモーネ】	▷ 下巻	42
【シュヴァリエ+】	▷ 下巻	141
【ジュヴァンセル[サキカップ]】	▷ 上巻	125
【シューヴァ+】	▷ 下巻	235
【ジューク】	▷ 下巻	43
【シューティング スター】	▷ 下巻	99
【ジュエリーボックス】	▷ 上巻	126
【ジュナ】	▷ 上巻	126
【シュナーベル】	▷ 下巻	193
【ジュピター】	▷ 下巻	99
【ジュピテール+】	▷ 下巻	235
【ジュリア】	▷ 下巻	194
【ジュリエット】	▷ 下巻	142
【ジョアデレーヌ】	▷ 上巻	127
【ショウゴ エレガン】	▷ 下巻	236
【湘南キャンディピンク】	▷ 上巻	127
【湘南キャンディレッド】	▷ 上巻	20
【ショコラ】	▷ 下巻	194
【ジョシー】	▷ 上巻	128
【ジョセフィーヌ】	▷ 上巻	100
【しらべ】	▷ 下巻	43
【シランス】	▷ 下巻	237
【ジリ+】	▷ 下巻	237
【ジル】	▷ 下巻	44
【シルエット(市川)】	▷ 上巻	128
【シルエット(輸入)】	▷ 上巻	250
【シルク】	▷ 上巻	129
【シルバー ファウンテン】	▷ 下巻	238
【シルバー ベル】	▷ 下巻	238
【シルバー ミスト】	▷ 下巻	239
【シルバーラメ／サムライ08】	▷ 下巻	267
【シルバナスペック】	▷ 上巻	129
【シンディ】	▷ 下巻	142
【シンベリン】	▷ 上巻	130
【スイートエモーション】	▷ 下巻	44
【スイートオールド】	▷ 下巻	45
【スイートサン】	▷ 下巻	143
【スィートビビアン!】	▷ 上巻	130
【スイートローズベール】	▷ 上巻	131
【スウィートアヴァランチェ+】	▷ 上巻	131
【スウィート アキト】	▷ 上巻	132
【スウィート エスキモー】	▷ 上巻	132
【スウィートドロミティ】	▷ 上巻	133
【スウィートネス(ピンク)】	▷ 上巻	133
【スウィートネス(輸入)】	▷ 上巻	250
【スウィート ハニー】	▷ 下巻	100
【スウィート ユニーク】	▷ 上巻	134
【スウィート リディア】	▷ 上巻	134
【スーパーグリーン】	▷ 下巻	13
【スーパー センセーション】	▷ 上巻	135
【スーパーメルト】	▷ 上巻	135
【スカーレット ジュエル】	▷ 上巻	20
【スカイライン】	▷ 下巻	101
【スタースイート】	▷ 上巻	136
【スティンガー!】	▷ 下巻	144
【ステファン!】	▷ 上巻	136
【ステラ】	▷ 上巻	136
【ストロベリー パフェ】	▷ 上巻	137
【ストロベリーモンローウォーク】	▷ 上巻	250
【スノー ダンス】	▷ 下巻	45
【スパークリング グラフィティ】	▷ 上巻	251
【スパニッシュ ダンサー】	▷ 上巻	251
【スフィンクス】	▷ 下巻	101
【スプラッシュ センセーション】	▷ 上巻	252
【スプリングタイム】	▷ 下巻	144
【スプレーウィット】	▷ 下巻	46
【スプレーローズ】	▷ 上巻	137
【スペード+】	▷ 下巻	102
【スペンド ア ライフタイム】	▷ 下巻	46
【スリール・トゥジュール】	▷ 下巻	103
【セイレーン】	▷ 上巻	137
【セカンドエディション】	▷ 上巻	138
【セトチェリー】	▷ 上巻	138
【セピアブリーズ[フウラル]】	▷ 下巻	195
【セラファン】	▷ 下巻	47
【セレナーデ】	▷ 上巻	138
【千】	▷ 上巻	139
【センシュアル[ルアンカップ]】	▷ 上巻	20
【センセーション】	▷ 上巻	139
【センティッド ナイト】	▷ 上巻	140
【セント・セシリア】	▷ 上巻	140
【旋律】	▷ 上巻	140
【ソウルメイト】	▷ 上巻	141
【ソナス・ファベール】	▷ 下巻	195
【ソノラ】	▷ 下巻	145
【ソフィア】	▷ 下巻	103
【そら】	▷ 上巻	141
【ソラーレ[ソレイユ]】	▷ 下巻	104
【ソルファ】	▷ 下巻	239
【ソルベットアヴァランチェ+】	▷ 上巻	142
【ソンリサ[ソリーザ]】	▷ 下巻	104
【ダーク キアノ】	▷ 下巻	240

タ

【ダーシー】	▷ 上巻	142
【タージマハル!】	▷ 上巻	252
【ダーリン】	▷ 上巻	143
【タイタニック】	▷ 上巻	143
【だいちゃん】	▷ 上巻	143
【ダニエルオットー】	▷ 下巻	240
【たま】	▷ 下巻	13
【環】	▷ 上巻	144
【タマンゴ】	▷ 上巻	21
【ダラス】	▷ 上巻	22
【ダンシング クイーン】	▷ 上巻	144

チ

【チアガール】	▷ 上巻	145
【チェリー パイ】	▷ 上巻	253
【チェリー ブランデー】	▷ 下巻	176
【チェルシー】	▷ 上巻	145
【契】	▷ 下巻	47
【チャーム】	▷ 上巻	145
【チョーサー】	▷ 上巻	145
【チョコチーノ】	▷ 下巻	176
【チョコレンジ】	▷ 下巻	196

ツ

【ツウィティ⁺】	▷ 上巻	105
【つがり】	▷ 上巻	146
【月の祈り】	▷ 下巻	48
【つきひ】	▷ 上巻	105
【つきよみ】	▷ 下巻	241
【つくばエクスプレス】	▷ 上巻	147
【つむぎ】	▷ 上巻	147

テ

【ディーヴァ】	▷ 上巻	148
【ティータイム】	▷ 上巻	253
【ディープ ウォーター】	▷ 下巻	241
【ディニティ・アンフォルメル】	▷ 上巻	148
【ティネケ】	▷ 下巻	49
【ティンカーベル】	▷ 上巻	148
【デコラ】	▷ 上巻	149
【デザート】	▷ 下巻	197
【テスタロッサ】	▷ 上巻	22
【テディ ベアー】	▷ 下巻	176
【テナチュール】	▷ 下巻	197
【てまり】	▷ 上巻	150
【デメトラ】	▷ 上巻	146
【デューン】	▷ 下巻	198
【デュカット】	▷ 上巻	106
【デリーラ】	▷ 下巻	242

ト

【トゥインクルサン】	▷ 下巻	146
【トゥインクルローズ】	▷ 上巻	150
【トゥールーズ ロートレック】	▷ 上巻	106
【ドゥヌベルローブ】	▷ 上巻	151
【トゥモロービューティ】	▷ 下巻	50
【トップレス】	▷ 上巻	151
【トパーズ】	▷ 上巻	151
【トフ】	▷ 下巻	177
【トラトラトラ】	▷ 下巻	147
【ドラフトワン】	▷ 上巻	152
【ドラマティックレイン】	▷ 下巻	242
【ドリームライナー】	▷ 上巻	254
【ドリーム センセーション】	▷ 上巻	152
【トリックス!】	▷ 下巻	147
【ドルチェヴィータ⁺】	▷ 上巻	254
【トレミヨンヌ】	▷ 上巻	255
【ドロシー!】	▷ 上巻	153
【トロピカル アマゾン】	▷ 下巻	148
【トロピカル スカッシュ】	▷ 下巻	148
【ドロミティ】	▷ 下巻	50
【トロワラス】	▷ 上巻	153
【トワカップ】	▷ 上巻	154
【トワスイートラブ】	▷ 上巻	154
【トワバイオン】	▷ 上巻	155
【ドンナ】	▷ 下巻	149

ナ

【ナギサウェーブ】	▷ 下巻	177
【ナギダーク】	▷ 上巻	155
【ナギドラフトワン】	▷ 上巻	156
【ナランガ】	▷ 下巻	149

ニ

【ニーナドレス】	▷ 上巻	156
【ニュアンセス】	▷ 下巻	51
【ニュー・ウェーブ[フォルム]】	▷ 下巻	243
【ニューハーフ】	▷ 上巻	255
【ニュー ブライダル】	▷ 上巻	157
【ニュー ミラクル】	▷ 下巻	149

ヌ

【ヌーベルバーグ】	▷ 上巻	23
【ネージュ・ドゥ・パルファム】	▷ 下巻	51

ネ

【ネオアンティークサン】	▷ 下巻	150
【ネネ】	▷ 上巻	157

ノ

【ノヴァーリス】	▷ 下巻	243
【ノーウォール】	▷ 下巻	244
【ノーティカ】	▷ 下巻	244
【ノブレス】	▷ 上巻	158

ハ

【パ・ド・ドゥ】	▷ 下巻	245
【バーガンディ】	▷ 上巻	23
【パーシモン⁺】	▷ 上巻	24
【パーティ ラナンキュラ】	▷ 上巻	256
【バーニングラブ】	▷ 上巻	24
【パーフェクトスイート】	▷ 上巻	158
【パープルアイ】	▷ 下巻	246
【パープルドレッシー】	▷ 下巻	247
【パープルフラガンシア】	▷ 下巻	247
【パープルレイン】	▷ 下巻	248
【パールアヴァランチェ⁺】	▷ 上巻	159
【パールクィーン】	▷ 上巻	159
【パールドブルム⁺】	▷ 下巻	107
【バイ ア モーメント】	▷ 下巻	249
【パサディナ】	▷ 上巻	25
【パシフィック ブルー】	▷ 上巻	250
【バター キャラメル】	▷ 下巻	107
【パッシオーネ】	▷ 上巻	25
【HANABI】	▷ 上巻	26
【花見小路】	▷ 上巻	160

【花吉野】	▷ 上巻	160
【ハニー ベイブ】	▷ 下巻	150
【ハニーピンク⁺】	▷ 上巻	161
【ハニーブリーズ】	▷ 下巻	108
【バニティ】	▷ 上巻	161
【バニラ スカイ】	▷ 下巻	108
【ハネムーン】	▷ 上巻	161
【パパ メイアン】	▷ 上巻	26
【パフ】	▷ 下巻	52
【パリ!】	▷ 上巻	162
【ハリウッド】	▷ 下巻	52
【パリジェンヌ】	▷ 下巻	151
【パリンゴ】	▷ 上巻	27
【ハルヒ】	▷ 上巻	162
【パルファン フレ】	▷ 上巻	163
【パルル】	▷ 上巻	163
【パルレ モワ】	▷ 上巻	164
【パレオ⁹⁰】	▷ 下巻	151
【バレンシアオールド】	▷ 下巻	152
【バレンシアキッス】	▷ 下巻	152
【バレンチノ】	▷ 上巻	27
【ハロウィン】	▷ 下巻	198
【バンビーナ】	▷ 上巻	164
【バンビーナホワイト】	▷ 下巻	53

【ヒ】

【ピアノ】	▷ 上巻	28
【ビアンカキャンディ】	▷ 上巻	165
【ピークス】	▷ 上巻	165
【ピーチアヴァランチェ⁺】	▷ 下巻	153
【ピーチキャンディ】	▷ 下巻	153
【ヒート&ビート】	▷ 上巻	166
【ひいろ】	▷ 上巻	28
【ヒカル】	▷ 上巻	166
【ビジュー・ド・ネージュ】	▷ 下巻	53
【ピスカップ】	▷ 下巻	109
【ピスタッシェ!】	▷ 下巻	54
【ヒストリア】	▷ 下巻	199
【ビター ラナンキュラ】	▷ 上巻	256
【ピタハヤ】	▷ 上巻	167
【ビッグ タイム】	▷ 上巻	29
【ひな】	▷ 上巻	167
【ビバ!】	▷ 下巻	109
【ビビアン!】	▷ 下巻	54
【ビビアン!/染めブルー】	▷ 下巻	267
【ビビアン!/染めレインボールージュ】	▷ 下巻	267
【ビブロス】	▷ 上巻	168
【ピュアレディ】	▷ 上巻	168
【ビューティ バイ オジェール】	▷ 下巻	250
【ピュール】	▷ 下巻	55
【ピュール・パルファン⁺】	▷ 下巻	55
【日和】	▷ 上巻	169
【ひより】	▷ 上巻	169
【ピンク イブ ピアッチェ】	▷ 上巻	170
【ピンクジューク】	▷ 上巻	170
【ピンクスムージー!】	▷ 上巻	171
【ピンクスメール】	▷ 上巻	171
【ピンク ダイヤモンド】	▷ 上巻	172
【ピンク チュチュ】	▷ 上巻	172
【ピンクテディ⁺】	▷ 上巻	173
【ピンクトルマリン】	▷ 上巻	173
【ピンクドレス】	▷ 上巻	174
【ピンク ピアノ】	▷ 上巻	174
【ピンクピークス】	▷ 上巻	175
【ピンク ブーケ】	▷ 上巻	175
【ピンクブルーム】	▷ 上巻	176
【ピンク フレーム】	▷ 上巻	257
【ピンク ラナンキュラ】	▷ 上巻	257
【ピンクラメ/ピンクダイヤモンド】	▷ 下巻	267
【ビンゴ スリーズ】	▷ 上巻	176

【フ】

【ファーストエディション】	▷ 上巻	29
【ファイヤー キング】	▷ 上巻	29
【ファニー】	▷ 上巻	177
【ファムファタール】	▷ 上巻	30
【ファンゴ!】	▷ 下巻	154
【ファンシードレス】	▷ 上巻	177
【ファンシー ローラ】	▷ 上巻	178
【ファンタジー】	▷ 上巻	178
【ファンデーション】	▷ 下巻	154
【ファンファール】	▷ 上巻	31
【フィアンセ】	▷ 上巻	258
【フィオナ】	▷ 下巻	56
【フィオレンツァ】	▷ 上巻	31
【フィスタ⁺】	▷ 上巻	258
【フーガドール】	▷ 上巻	32
【ブードゥー!】	▷ 下巻	155
【フェ・デ・ヴェール】	▷ 下巻	109
【フェア・ビアンカ】	▷ 上巻	179
【フェア プレイ】	▷ 上巻	179
【ブエナビスタ】	▷ 下巻	155
【フェリーニ】	▷ 下巻	156
【フェルゼン[ポルトパープル]】	▷ 下巻	251
【フジ】	▷ 下巻	199
【プライスレス】	▷ 上巻	180
【ブライダルスプレー】	▷ 上巻	180
【ブライダル ピンク】	▷ 上巻	181
【ブラウンスカーフ】	▷ 下巻	178
【フラジール】	▷ 上巻	181
【ブラックティ】	▷ 下巻	178
【ブラック バッカラ】	▷ 上巻	32
【ブラック ビューティー】	▷ 上巻	33
【フラッシュ リディア】	▷ 上巻	259
【フラッシング】	▷ 上巻	259
【ブラッシング アキト】	▷ 上巻	182
【ブラッドオレンジ⁺】	▷ 下巻	156
【ブラッドピンク⁺】	▷ 上巻	182
【ブラン・ド・メランコリー】	▷ 下巻	200
【ブランヴェール⁺】	▷ 下巻	57

【ブランシュ・ネージュ⁺】	▷ 下巻	57
【フランソワ】	▷ 上巻	183
【フリー スピリッツ】	▷ 下巻	157
【フリーキーアヴァランチェ⁺】	▷ 上巻	260
【フリーダム】	▷ 下巻	33
【プリエステス】	▷ 上巻	183
【フリオサ】	▷ 下巻	34
【プリス】	▷ 下巻	201
【フリスコ】	▷ 下巻	110
【ブリッツ⁺】	▷ 下巻	110
【プリティアヴァランチェ⁺】	▷ 上巻	184
【プリティ ウーマン】	▷ 上巻	184
【プリティニーナ】	▷ 上巻	185
【プリトーニ】	▷ 上巻	185
【フリューレット】	▷ 上巻	260
【フリンジ!】	▷ 下巻	58
【プリンセス】	▷ 下巻	58
【プリンセス チュチュ】	▷ 上巻	186
【プリンセス オブ ウェールズ】	▷ 下巻	59
【プリンセスメグ】	▷ 上巻	186
【プリンセステンコー】	▷ 上巻	186
【ブル・ドゥ・パルファム】	▷ 下巻	251
【ブルーカップアイ】	▷ 下巻	252
【ブルー キュリオーサ】	▷ 下巻	252
【ブルーショコラ】	▷ 下巻	201
【ブルーストーリー】	▷ 下巻	253
【ブルー バード】	▷ 下巻	253
【ブルー パーフューム】	▷ 下巻	254
【ブルーベリー】	▷ 下巻	254
【ブルー リバー】	▷ 下巻	255
【フルーティ⁺】	▷ 下巻	59
【ブルーミルフィーユ】	▷ 下巻	255
【ブルゴーニュ】	▷ 下巻	60
【ブルジョア】	▷ 上巻	187
【ブルジョン・ドゥ・レーヴ】	▷ 下巻	60
【ブルズアイ】	▷ 下巻	34
【ぷるびあん】	▷ 下巻	35
【プルミエラムール⁺】	▷ 上巻	187
【フレアー】	▷ 下巻	111
【フレグランス・オブ・フレグランシズ】	▷ 上巻	188
【フレグラントロゼ】	▷ 上巻	188
【プレゴ】	▷ 下巻	111
【プレッシャスモメント】	▷ 下巻	256
【プレディア⁺】	▷ 上巻	35
【プレミアムラブ】	▷ 上巻	189
【フロインディン】	▷ 上巻	190
【プロヴァンス】	▷ 下巻	60
【フローレンス】	▷ 下巻	201
【ブロッサムピンク】	▷ 上巻	190
【プロフェシー】	▷ 下巻	256
【プロミス⁺】	▷ 上巻	191
【フロリダ】	▷ 上巻	261
【ふわり】	▷ 上巻	191

ヘ			
	【ペイシャンス】	▷ 下巻	112
	【ベイブ】	▷ 下巻	157
	【ベシェ ミニョン】	▷ 上巻	191
	【ペッパーベリー】	▷ 上巻	261
	【ベビーチーク】	▷ 下巻	158
	【ベビー ロマンティカ】	▷ 下巻	158
	【ベラ ローザ】	▷ 上巻	262
	【ベラヴィータ⁺】	▷ 上巻	262
	【ヘリオス ロマンティカ】	▷ 下巻	202
	【ベル カント】	▷ 上巻	192
	【ベルビュー】	▷ 上巻	263
	【ベンデッタ!】	▷ 下巻	35
	【ベンデラ】	▷ 下巻	61
	【ベンデラ／染めブルー】	▷ 上巻	267
	【ベンデラ／染めレインボールージュ】	▷ 上巻	267

ホ			
	【ほうさき紅】	▷ 上巻	192
	【ポエニクス】	▷ 下巻	159
	【ポエム】	▷ 上巻	193
	【ホットショット】	▷ 上巻	193
	【ホットチョコレート】	▷ 下巻	179
	【ホットレディ】	▷ 上巻	194
	【ボナンザ】	▷ 下巻	159
	【ボヌール】	▷ 上巻	194
	【ほのか】	▷ 下巻	160
	【ポルトスノー】	▷ 下巻	61
	【ボルドー】	▷ 下巻	36
	【ポルボロン】	▷ 上巻	195
	【ホワイトウッズ】	▷ 下巻	62
	【ホワイトオハラ】	▷ 下巻	63
	【ホワイト キャンディ】	▷ 下巻	63
	【ホワイト チャーミング】	▷ 下巻	64
	【ホワイトマカロン】	▷ 下巻	64
	【ホワイトムーン】	▷ 下巻	65
	【ホワイト メイディランド】	▷ 下巻	65

マ			
	【マ・シェリ⁺】	▷ 上巻	36
	【マードレ⁺】	▷ 上巻	37
	【マーロン!】	▷ 下巻	161
	【マイ ガール】	▷ 上巻	196
	【マカレナ】	▷ 下巻	161
	【マザール】	▷ 下巻	66
	【馬沙菓】	▷ 上巻	196
	【マジェスティック[ウープス]】	▷ 上巻	197
	【マジックモカ】	▷ 下巻	203
	【マジョリカ】	▷ 上巻	197
	【マダム・ヴィオレ】	▷ 下巻	257
	【マダムフィガロ】	▷ 上巻	198
	【マチルダ】	▷ 上巻	37
	【madka】	▷ 上巻	198
	【マドレーヌ】	▷ 下巻	162
	【マナナ!】	▷ 下巻	162
	【マニエル・ノワール[マニエル]】	▷ 上巻	263
	【マニッシュ】	▷ 上巻	264
	【マハ】	▷ 下巻	66

	【マフィーユ】	▷ 下巻	67
	【マホガニーヴェール】	▷ 下巻	179
	【マラケッシュ】	▷ 下巻	203
	【マリア テレージア】	▷ 下巻	113
	【マリアTN】	▷ 上巻	199
	【マリアーナ】	▷ 上巻	199
	【マリークレア!】	▷ 下巻	163
	【マリーナ(オレンジ)】	▷ 下巻	163
	【マリーナ(ピンク)】	▷ 上巻	200
	【マリーミー】	▷ 上巻	38
	【マリティム】	▷ 下巻	258
	【マリブ】	▷ 下巻	264
	【マリポーサ】	▷ 上巻	200
	【マリヨ!】	▷ 下巻	264
	【マリラブ】	▷ 上巻	201
	【マリルージュ】	▷ 上巻	38
	【マリレーヌ】	▷ 下巻	164
	【マルシア!】	▷ 下巻	67
	【マルシェルブ】	▷ 下巻	164
	【マルタ】	▷ 下巻	68
	【マルダムール】	▷ 上巻	39
	【マルチネス】	▷ 上巻	39
	【マレーラ】	▷ 下巻	165
	【マレーラ2002】	▷ 下巻	165
	【万華鏡】	▷ 上巻	265
	【マンゴー ロマンティカ】	▷ 上巻	201
	【マンダリンガーネット】	▷ 下巻	166
	【マンダリンガール】	▷ 下巻	166
	【マンダリンガールイエロー】	▷ 下巻	113
	【マンハッタンブルー】	▷ 下巻	258
ミ	【美咲】	▷ 上巻	202
	【ミスター】	▷ 上巻	40
	【ミスティック⁺】	▷ 上巻	202
	【ミスティック サラ】	▷ 上巻	203
	【ミステリアス】	▷ 上巻	259
	【ミスピギー⁺】	▷ 上巻	203
	【ミスユカ】	▷ 上巻	204
	【Michel】	▷ 下巻	114
	【ミナリス】	▷ 下巻	68
	【ミミ エデン】	▷ 上巻	203
	【京】	▷ 上巻	204
	【雅】	▷ 上巻	204
	【mumoon】	▷ 下巻	114
	【ミュスカデ】	▷ 上巻	205
	【ミランダ】	▷ 上巻	205
	【ミルナ⁺】	▷ 上巻	40
	【ミルバ】	▷ 下巻	167
	【ミルフォードサウンド】	▷ 上巻	206
	【ミンテリア】	▷ 上巻	206
	【ミント ティー】	▷ 下巻	14
ム	【ムーン ウォーク】	▷ 下巻	115
	【メイン】	▷ 上巻	41
	【メインキャスト】	▷ 上巻	41

メ	【メサイア!】	▷ 上巻	207
	【メナージュピンク】	▷ 上巻	207
	【メヌエット】	▷ 上巻	265
	【メモリア】	▷ 上巻	208
	【メモリー】	▷ 上巻	208
	【メモリーレーン!】	▷ 下巻	259
	【メリー】	▷ 上巻	209
	【メルヘン ケニギン[メルヘン ケニゲン]】	▷ 上巻	209
モ	【モエリー】	▷ 下巻	260
	【モーニング デュウ】	▷ 下巻	260
	【モーリスユトリロ】	▷ 上巻	266
	【もこもこ】	▷ 上巻	210
	【モナムール】	▷ 上巻	211
	【モハナ】	▷ 下巻	115
	【モン・シュシュ】	▷ 下巻	167
	【モンシェリー】	▷ 下巻	261
	【モンテビアンコ】	▷ 下巻	116
	【モンド⁺】	▷ 上巻	211
	【モンローウォーク】	▷ 下巻	69
ヤ	【ヤーナ】	▷ 上巻	212
	【ヤギグリーン】	▷ 下巻	15
	【ヤギムラサキ】	▷ 下巻	261
	【やまとなでしこ】	▷ 上巻	212
ユ	【結】	▷ 下巻	205
	【由愛】	▷ 上巻	213
	【友禅】	▷ 上巻	213
	【ユーリシュカ】	▷ 下巻	168
	【ユカカップ】	▷ 上巻	214
	【ユニバース】	▷ 上巻	214
	【ユノ】	▷ 下巻	69
ヨ	【吉野桜】	▷ 上巻	215
	【嫁に感謝】	▷ 上巻	215
ラ	【ラ・シャンス】	▷ 上巻	216
	【ラ・ジョコンダ】	▷ 上巻	216
	【ラ・セーヌ!】	▷ 上巻	217
	【ラ・マリエ】	▷ 下巻	262
	【ライトニング!】	▷ 下巻	116
	【ライム】	▷ 下巻	16
	【ライムローズベール】	▷ 上巻	117
	【ライラ⁺】	▷ 上巻	217
	【ライラック フレグランス】	▷ 下巻	262
	【ラカンパネラ】	▷ 下巻	168
	【ラグジュリア!】	▷ 上巻	218
	【ラスティック】	▷ 上巻	218
	【ラストナイト オン アース】	▷ 下巻	206
	【ラズベリー パイ】	▷ 上巻	266
	【ラソワ】	▷ 上巻	219
	【ラディッシュ】	▷ 下巻	207
	【ラデュセス】	▷ 上巻	219
	【ラビング ハート】	▷ 上巻	220
	【ラフィネ・ポルテ】	▷ 下巻	207
	【ラプソディ⁺】	▷ 下巻	263
	【ラブリー ジュエル】	▷ 上巻	267

	【ラブリー ファンデーション】	▷ 上巻 220			【レッドラメ／サムライ08】	▷ 下巻 267
	【ラブリティ】	▷ 上巻 221			【レディ ゴディバ】	▷ 下巻 182
	【ラブリー リディア】	▷ 上巻 221			【レディオ!】	▷ 下巻 119
	【ラ ベーラ】	▷ 上巻 222			【レディ チャペル】	▷ 上巻 232
	【ラベンダー ヘイズ】	▷ 下巻 264			【レディ ラブ】	▷ 上巻 50
	【ラムール・ミュテュエル】	▷ 上巻 222			【レディキャンドル】	▷ 上巻 267
	【ランスロット!】	▷ 上巻 42			【レネ】	▷ 下巻 71
	【ランハーツ⁺】	▷ 上巻 208			【レフレーズ】	▷ 上巻 233
リ	【りくほたる】	▷ 下巻 117			【レモネード】	▷ 下巻 119
	【リコ・マシェリ】	▷ 上巻 223			【レモン&ライム⁺】	▷ 下巻 16
	【リザ】	▷ 上巻 223			【レモンジェラート】	▷ 下巻 120
	【リサイタル［ビューティフラワー］】	▷ 上巻 224			【レモン ベイブ】	▷ 下巻 120
	【リップピークス】	▷ 上巻 224			【レモン ラナンキュラ】	▷ 下巻 121
	【リディア】	▷ 上巻 225		ロ	【ロイヤルウェディング】	▷ 上巻 233
	【リテラチュール［テナチュールレモン］】	▷ 上巻 208			【ロイヤル プロフィッタ】	▷ 上巻 234
	【リトルウッズ】	▷ 上巻 225			【ロイヤルマニッシュ】	▷ 上巻 267
	【リトル シルバー】	▷ 下巻 264			【ローズ メグ】	▷ 上巻 235
	【リトル マーベル】	▷ 上巻 42			【ローズ・ア・レーヴル】	▷ 上巻 234
	【リバイバル】	▷ 上巻 226			【ローズ シネルジック】	▷ 下巻 265
	【リベルタ】	▷ 上巻 226			【ローズ ユミ】	▷ 下巻 71
	【リメンブランス】	▷ 上巻 227			【ローズリーヌ】	▷ 下巻 266
	【リモ】	▷ 上巻 227			【ローテローゼ】	▷ 上巻 51
	【リリー】	▷ 上巻 228			【ロードス】	▷ 上巻 52
	【リリカ】	▷ 上巻 228			【ローラ】	▷ 上巻 235
	【凛】	▷ 下巻 70			【ローランb】	▷ 下巻 182
ル	【ルージュ ロワイヤル】	▷ 上巻 43			【ロサ キネンシス ヴィリディフローラ】	▷ 下巻 17
	【ルージュ・ドゥ・パルファム】	▷ 上巻 229			【ロジータ ベンデラ】	▷ 上巻 236
	【ルーチェ⁺】	▷ 下巻 118			【ロッシュ⁺】	▷ 下巻 121
	【ルールマジク】	▷ 上巻 209			【ロッソ クラシコ】	▷ 上巻 53
	【ルエル・ド・メモワール】	▷ 上巻 230			【ロマネスク】	▷ 下巻 210
	【ルナピンク】	▷ 上巻 230			【ロマンティック アンティーク】	▷ 上巻 236
	【ルナロッサ】	▷ 下巻 169			【ロマンティックエンジェル】	▷ 上巻 237
	【ルノン】	▷ 上巻 231			【ロマンティック レース】	▷ 上巻 237
	【ルビアナ】	▷ 下巻 70			【ロマンティックローズベール】	▷ 下巻 170
	【ルビーレッド】	▷ 上巻 44			【ロレックス】	▷ 上巻 54
	【ルワンジェ】	▷ 上巻 231			【ロワイヤル】	▷ 下巻 266
レ	【レオニダス】	▷ 下巻 180		ワ	【ワイルド カリプソ】	▷ 上巻 54
	【レオネッサ!】	▷ 下巻 118			【ワイルド シング】	▷ 上巻 238
	【レガーロ】	▷ 上巻 44			【ワイルド スピリット】	▷ 下巻 170
	【レスプリ・ド・フィーユ】	▷ 上巻 232			【和花】	▷ 上巻 238
	【レゼルブ】	▷ 下巻 181			【和集】	▷ 下巻 72
	【レゼルブオレンジ】	▷ 下巻 169			【わたぼうし】	▷ 下巻 72
	【レッド エレガンス】	▷ 上巻 45			【ワム】	▷ 上巻 239
	【レッド カリプソ】	▷ 上巻 45			【ワルツ】	▷ 上巻 239
	【レッド キャンディ】	▷ 上巻 46			【ワンダーウォール】	▷ 下巻 210
	【レッドサンシャイン】	▷ 上巻 46				
	【レッド スター】	▷ 上巻 47				
	【レッド パリ】	▷ 上巻 47				
	【レッドフランス】	▷ 上巻 48				
	【レッド マカレナ】	▷ 上巻 48				
	【レッド ラナンキュラ】	▷ 上巻 49				
	【レッド リボン】	▷ 上巻 49				
	【レッド ワン】	▷ 上巻 50				

| 撮影 | 中島清一

| 監修 | 飯山 重
幡ヶ谷生花市場(幡ヶ谷生花市場は、平成2年、東京都中央卸売市場大田市場花き部の株式会社フラワーオークションジャパンに統合し入場)入社。その後、株式会社フラワーオークションジャパンにて、切花営業部長を務める。両社にて長らくバラの競り人をつとめ、全国の生産地を巡る。

| 特別協力 | 蓬田勝之
[蓬田バラの香り研究所株式会社]

| 撮影助手 | 加藤達彦
| 編集 | 櫻井純子 [Flow]
| デザイン | 小川直樹

切り花バラ図鑑1000 上巻　NDC627

2014年10月8日 発行

編 者　フローリスト編集部
発行者　小川雄一
発行所　株式会社誠文堂新光社
　　　　〒113-0033　東京都文京区本郷3-3-11
　　　　[編集]電話03-5800-3616
　　　　[販売]電話03-5800-5780
　　　　http://www.seibundo-shinkosha.net/

印刷・製本　図書印刷株式会社

©2014, Seibundo Shinkosha Publishing Co.LTD..
Printed in Japan
検印省略
落丁、乱丁本は、お取り替えいたします。
本書掲載記事の無断転用を禁じます。

本書のコピー、スキャン、デジタル化等の無断複製は、著作権法上での例外を除き、禁じられています。本書を代行業者等の第三者に依頼してスキャンやデジタル化することは、たとえ個人や家庭内での利用であっても、著作権法上認められません。

囲〈日本複製権センター委託出版物〉
本書を無断で複写複製(コピー)することは、著作権法上での例外を除き、禁じられています。本書をコピーされる場合は、事前に日本複製権センター(JRRC)の許諾を受けてください。
JRRC〈http://www.jrrc.or.jp　eメール:jrrc_info@jrrc.or.jp　電話:03-3401-2382〉

ISBN978-4-416-61420-4